DANÇA SOBRE O VULCÃO

Título:
Dança sobre o Vulcão: Portugal e o III Reich.
O Ministro von Hoyningen-Huene entre Hitler e Salazar

© José Duarte de Jesus e Edições 70, 2017

Prefácio:
© Irene Flunser Pimentel e Edições 70, 2017

Revisão:
Inês Guerreiro

Capa: FBA
Imagem de capa: © ullstein bild / Granger, NYC — Todos os direitos reservados.
Na capa: Barão Oswald von Hoyningen-Huene, -
Diplomata, Alemanha *27.07.1885-26.08.1963+ -
Embaixador da Alemanha em Lisboa 1934-1944 – à sua secretária
Fotógrafo: Rene Fosshag

Depósito Legal n.º 426085/17

Biblioteca Nacional de Portugal – Catalogação na Publicação

JESUS, Duarte de, 1935-

Dança sobre o vulcão : Portugal e o III
Reich : o ministro Von Hoyningen-Huene. - (Extra-coleção)
ISBN 978-972-44-1949-7

CDU 94(469)"1934/1944"

Paginação:
MA

Impressão e acabamento:
PAPELMUNDE
para
EDIÇÕES 70
em
Maio de 2017

Direitos reservados para todos os países de língua portuguesa
por Edições 70

EDIÇÕES 70, uma chancela de Edições Almedina, S.A.
Avenida Engenheiro Arantes e Oliveira, 11 – 3.º C – 1900-221 Lisboa / Portugal
e-mail: geral@edicoes70.pt

www.edicoes70.pt

Esta obra está protegida pela lei. Não pode ser reproduzida,
no todo ou em parte, qualquer que seja o modo utilizado,
incluindo fotocópia e xerocópia, sem prévia autorização do Editor.
Qualquer transgressão à lei dos Direitos de Autor será passível
de procedimento judicial.

José Manuel Duarte de Jesus

DANÇA SOBRE O VULCÃO
PORTUGAL E O III REICH
O Ministro von Hoyningen-Huene
entre Hitler e Salazar

Prefácio de Irene Flunser Pimentel

ÍNDICE

Preâmbulo 11
Agradecimentos 13
Prefácio 15
Introdução 29

I PARTE
ANTES DA COLOCAÇÃO COMO MINISTRO EM LISBOA EM 1934

1. Quem era Oswald von Hoyningen-Huene 33

2. O contexto político alemão na altura 35

3. A oposição a Hitler no Ministério Alemão dos Negócios Estrangeiros e na nobreza: o *Freundeskreis*, a *Schwarze Kapelle* e von Hoyningen-Huene 39

II PARTE
O DIPLOMATA EM LISBOA ANTES E DURANTE A GUERRA

4. Colocação em Lisboa, chegada e apresentação de credenciais . 49

5. Von Hoyningen-Huene, o NSDAP e as suas organizações 53

6. Os segredos da legação da Alemanha em Lisboa — o ambiente
   de intriga permanente 55
   6.1. As relações difíceis com a AO (Auslandsorganisation),
        a SD (Sicherheitsdienst) da Gestapo e os elementos da
        oposição a Hitler, em Portugal 62
   6.2. Os conflitos com os adidos militares e a Guerra Civil em
        Espanha 68

7. Outros problemas diplomáticos que enfrentou 73
   7.1. A questão do volfrâmio 73
   7.2. O problema dos judeus — a questão de Moisés Bensabat
        Amzalak e do «misterioso» Jakobi 76
        7.2.1. O caso Amzalak 76
        7.2.2. O caso Jakobi ou Jakoby 82
   7.3. A passagem por Lisboa de Dirk de Geer, o primeiro-ministro
        banido da Holanda 84
   7.4. A visita do ex-presidente suíço, Schulthess, e uma possível
        mediação dos países neutros no desenrolar da guerra ... 86
   7.5. Os barcos alemães e britânicos no Atlântico e a prisão de
        inúmeros alemães pelo primeiro-tenente Sales Henriques,
        por atos de espionagem 88
        7.5.1. Antes do início da guerra — A intensa atividade
               sociocultural da legação alemã em Lisboa. A visita
               do ministro Robert Ley. Os banquetes constantes
               e as Festas Nacionais 89
        7.5.2. Depois do início da guerra — Novo quadro político.
               Continuação da atividade diplomática e sociocul-
               tural. A visita do ministro Speer e as celebrações
               do duplo centenário 102
   7.6. A imprensa portuguesa 108
   7.7. Como via Hoyningen-Huene a política colonial de Salazar
        «Ali também é Portugal». A visita do ministro das Colónias
        a Angola, Moçambique, Congo Belga e África do Sul, em
        1942 109

7.8. A opinião pública portuguesa sobre o possível desfecho da guerra. O relatório de março de 1943 113

7.9. A questão dos Açores. A convocatória urgente do adido militar alemão por Santos Costa e a mudança da posição oficial portuguesa face ao desfecho provável da guerra. O papel do inspetor Catela da PVDE. Uma invasão aliada da península e dos Açores? 114

    7.9.1. As reações de von Hoyningen-Huene e de Oliveira Salazar 118

    7.9.2. A circular secreta de Salazar emitida dois dias antes da concessão das facilidades dos Açores .. 120

8. A relação de von Hoyningen-Huene com o almirante Canaris. A correspondência. Canaris em Lisboa numa missão secreta, em maio de 1942? 123

9. O *Lisbon Report* 129

10. Como encarou a sua carreira de representante do III Reich em Portugal — o ídolo Salazar. Observador atento mas prudente dos movimentos do duque de Windsor em Portugal. O papel de Ricardo Espírito Santo 133

11. A saída abrupta de von Hoyningen-Huene de Lisboa, por lhe ter sido retirada a confiança política. A recusa portuguesa de conceder *agrément* a um sucessor proposto 143

    11.1. Uma entrega quase clandestina e misteriosa de credenciais de Gustav von Halem, na presença de Salazar, poucos dias antes do fim da guerra, e a longa e misteriosa conversa entre von Halem e Salazar 149

    11.2. Como a *intelligence* militar norte-americana avaliou von Hoyningen-Huene, segundo um relatório secreto dos Serviços de Informação do VI Grupo Armado, de 20 de maio de 1945 153

12. O caso Botho von Wussow e a inimaginável derradeira proposta alemã de paz com a Grã-Bretanha via Lisboa 159

13. O internamento em Sintra e a partida no paquete *Highland Monarch*, de von Wussow, da colónia alemã com os últimos diplomatas . 169

III PARTE
HOYNINGEN-HUENE COMO CIDADÃO ALEMÃO EM PORTUGAL NO PÓS-GUERRA

14. O memorando de von Hoyningen-Huene de 1945 173

15. A «travessia do deserto» — os interrogatórios no quadro do Tribunal de Nuremberga............................. 181

16. O regresso a Portugal depois da Segunda Guerra Mundial e a sua vida no Chalé Maravilha, no Estoril. Morte da primeira baronesa e segundo casamento 183
    16.1. Sua morte na Suíça, em 1963 — uma amizade com Portugal que perdurou para além da guerra   186

17. A questão demorada da nomeação do primeiro embaixador da RFA em Lisboa — o papel de Moulin-Eckart. Os rumores e as realidades... 187

Bibliografia, Fontes e Siglas 193
Anexos... 197

PREÂMBULO

Alemanha, 1938

O senhor von Nostiz vinha no seu carro. Eu vinha no nosso, com a minha mulher, Mary Pilcher. Íamos para a festa em casa da condessa Schulenburg e demos boleia, de Berlim até Colónia, ao vice-chefe da polícia de Berlim, o conde Schulenburg.

Ao cruzarmos uma coluna de tanques militares na autoestrada, ele olha para a minha mulher e diz:

— Ó inglesinha, aqueles tanques que ali vês vão, em poucos dias, libertar-nos de Hitler e da sua gente.

A festa, que teve lugar dia 18 ou 19 de setembro, juntou muita gente da aristocracia alemã. Decorreu num ambiente frenético. Dançava-se uma dança, a Lambeth Walk, proibida no III Reich, enquanto os homens corriam uns atrás dos outros para atender o telefone.

A condessa Schulenburg, olhando à sua volta, disse para Botho von Wussow:

— Isto é A DANÇA SOBRE O VULCÃO.

(Botho von Wussow, arquivo do IfZ, ZS-2172/2)

AGRADECIMENTOS

Na elaboração deste livro, particularmente na estrutura redacional — forma fundamental para tornar o texto mais inteligível e interessante para a leitura —, devo ao meu amigo e colega, o embaixador Filipe Guterres, uma colaboração inexcedível. A ele, um grande obrigado.

Para conseguir colecionar elementos que permitiram reconstituir as circunstâncias em que o ministro alemão do III Reich funcionou em Lisboa, os principais problemas diplomáticos que enfrentou, o contexto da cidade de Lisboa como «janela» para o exterior de uma Europa envolvida na Segunda Guerra Mundial, devo agradecer a um conjunto de pessoas que me forneceram diversos elementos importantes, dos quais destaco (por ordem alfabética):

O embaixador António Coimbra Martins, Arno Ell, o Professor Doutor Bernardo Herold, filho do médico da comunidade alemã daquela época, designadamente do casal von Hoyningen-Huene; Constantin Ostermann von Roth, filho de um diplomata que serviu na legação alemã em Lisboa naquele tempo; o embaixador Dieter Freund; o conselheiro da Embaixada Alemã em Lisboa, Mathias Fischer; a investigadora Margarida Ramalho; a investigadora Patrícia Couto; o embaixador da Alemanha em Portugal, Ulrich Brandenburg.

Ao nível de fontes arquivistas, queria agradecer ao pessoal do Arquivo Histórico e Diplomático do Ministério dos Negócios Estrangeiros; ao pessoal da Torre do Tombo, com uma referência especial pela sua profissionalidade e simpatia, à Dra. Esther-Julia Howell, diretora do IfZ (Institut fuer Zeitgeschichte); ao Dr. Guenter

Scheidemann, do Arquivo Político do Ministério dos Negócios Estrangeiros da Alemanha; e à Sra. Dra. Solveig Nestler, do Arquivo Federal da Alemanha (Bundesarchiv).

Não posso deixar de mencionar outros que me deram ajudas importantes, como a Professora Irene Flunser Pimentel, o Sr. António Muchacho e o diplomata alemão Dieter Freund.

A minha mulher foi um elemento essencial nas investigações, procurando decifrar e compreender muitos textos manuscritos do próprio Hoyningen-Huene, indispensáveis para melhor entender o contexto histórico, particularmente os 13 volumes do seu diário, escritos num cursivo gótico de decifração extremamente difícil.

PREFÁCIO

O mistério Hoyningen Huene, ministro da Alemanha nazi em Lisboa?

O barão alemão Oswald von Hoyningen-Huene foi uma figura muito importante na história das relações internacionais de Portugal, pois, entre 1934 e 1944, em quase todo o período do poder nacional-socialista na Alemanha, representou diplomaticamente este país — e regime — em Lisboa. Além do mais, teve uma relação próxima com Oliveira Salazar, presidente do Conselho de Ministros e ministro dos Negócios Estrangeiros. A nível historiográfico, já muito foi dito sobre ele, embora permaneçam ainda aspetos desconhecidos e obscuros, bem como uma aura de mistério sobre a sua ideologia e verdadeira atuação política.

Por esse motivo, este livro, com o magnífico título de *Dança sobre o Vulcão*, do embaixador José Duarte de Jesus, é extremamente bem-vindo. Permite, não só aclarar algumas dúvidas e corrigir alguns lugares-comuns, através da apresentação de fontes importantes que iluminam zonas mais obscuras, como acrescentar episódios desconhecidos. O enfoque sobre uma personagem com poder, mesmo que relativo, num momento em que a Alemanha nazi almejava conquistar a Europa e o mundo, destruindo categorias de seres humanos pelo caminho, quer através do extermínio, no caso dos judeus, quer através da guerra total, permite vislumbrar algumas das relações de forças no Ministério dos Assuntos Exteriores Alemães — Auswärtiges Amt (AA) —, bem como a atuação por vezes aparentemente contraditória dos diplomatas alemães durante o regime nazi.

Também é muito importante para aquilatar o relacionamento entre Portugal e a Alemanha, bem como entre Salazar e o representante diplomático alemão no tempo da Segunda Guerra Mundial, e ainda melhor para caracterizar o regime português, em comparação com o alemão, iluminando zonas de semelhança — entre as quais o comum anticomunismo — e também as de diferença, nomeadamente, a questão antissemita. Como o próprio autor afirma:

> o foco da sua investigação é a atividade diplomática do «último» representante do III Reich durante 10 anos em Lisboa, e, através deste fio condutor, analisar e avaliar o contexto alemão que precedeu a sua nomeação por von Hindenburg; em seguida, contextualizar o quadro político-diplomático português na sua vertente de política externa, sem deixar de sublinhar as condições *sui generis* reinantes na Alemanha.

O livro está assim dividido em três partes organizadas cronologicamente, embora com avanços e recuos no tempo em cada uma delas, para analisar tematicamente os diversos «casos» e episódios com que Hoyningen-Huene se confrontou: «Antes da colocação como ministro em Lisboa», «O diplomata em Lisboa antes e durante a guerra» e, finalmente, «Hoyningen-Huene como cidadão alemão em Portugal no pós-guerra».

O autor baseia-se numa grande diversidade de fontes, as principais das quais são o memorando de von Hoyningen-Huene, escrito a 3 de julho de 1945, a documentação do 11.º processo subsequente ao Julgamento de Nuremberga («Processo da Wilhelmstrasse», relativo aos funcionários do Ministério dos Negócios Estrangeiros), dos interrogatórios de 1947, bem como os levados a cabo com Huene por Kempner, dos serviços de informações do Sexto Grupo do Exército norte-americano, a 2 de outubro de 1945. O autor consultou também fontes do Arquivo Histórico Diplomático do MNE, do Arquivo Político do AA, entre outros arquivos alemães, e documentos disponibilizados individualmente

PREFÁCIO

Não me vou alongar na biografia de Oswald von Hoyningen-
-Huene, que poderá ser lida neste livro, nem vou referir os episódios
ricos em substância aqui apresentados, mas escolho alguns que me
parecem mais importantes, acrescentando outros que eu própria fui
descobrindo através de investigação. Lembro apenas que Huene
substituiu Hans Freitag à frente da Legação da Alemanha em Lisboa,
tornando-se uma peça determinante no xadrez político da capital, não
só ao conquistar a simpatia e a admiração de Salazar e da sociedade
portuguesa, no seio da qual se movia com facilidade entre a elite nacional e da diplomacia estrangeira, mas desdobrando-se em iniciativas
culturais. Estas são em especial referidas no já mencionado longo
relatório de 1945, na sequência do seu interrogatório, afirmando o
próprio Huene que, através delas, procurou «despertar o interesse no
seu país pelas artes portuguesas, através da organização de exposições,
tendo em 1943 conseguido criar um Instituto Alemão em Portugal»,
em janeiro de 1944.

Como menciona o autor, no capítulo 10, «Hoyningen-Huene
procurou, na sua ação diplomática, desmontar a imagem do III Reich,
como ditadura militarista hegemónica, brutal e antissemita, e substituí-la
pela ideia de uma Alemanha capital de uma cultura europeia antiga»,
através de exposições, concertos e outras atividades culturais. Huene
recorreu em especial ao campo musical, para cativar as elites portuguesas.
A título de exemplo, apenas no ano de 1941 realizaram-se, na capital
portuguesa, concertos da orquestra Filarmónica de Berlim, dirigida por
Karl Böhm, no Teatro de S. Carlos e no Coliseu dos Recreios para os
«pobres de Lisboa», como deu conta a revista germanófila *A Esfera,* e
ainda dos «Pardais de Ratisbona» e de Winifred Wolf. Numa conversa
com Von Huene, relatada pelo próprio ao AA, Salazar mencionou
«com especial alegria» a atuação do coro da catedral de Regensburg
e da Orquestra Filarmónica de Berlim, que ouvira pela rádio [1].
Hoyningen-Huene também colaborou nas célebres viagens de navio

---

[1] Apud António Louçã, *Portugal visto pelos nazis: documentos 1933-1945*
(Lisboa: Fim de Século, 2005): 81.

de operários alemães a Portugal, através da organização de tempos livres, *Kraft durch Freude,* do ministro Robert Ley, nos anos trinta.

Logo que chegou à capital portuguesa, começou a ser notado por apresentar queixas, junto do Ministério dos Negócios Estrangeiros (MNE), contra notícias publicadas na imprensa portuguesa, em especial no *Diário de Lisboa,* que considerou prejudiciais para a Alemanha. Em resposta, o governo português garantiria à legação alemã ter dado instruções claras à censura no sentido de evitar a publicação de «quaisquer frases ou apreciações insultuosas ou injuriosas para os Chefes de Estado, Chefes do Governo ou Nações amigas».

Neste ano, ocorreu um episódio aparentemente contraditório. Huene condecorou, com a Ordem de Mérito da Cruz Vermelha Alemã, Moisé Amzalak, dirigente da comunidade israelita de Lisboa, mas também acionista do jornal *Século,* que acabara de publicar um suplemento de propaganda à nova Alemanha, num período em que se sucediam as perseguições aos judeus por parte do regime nacional-socialista. Este, e um episódio ocorrido com «o misterioso Jakobi», outro judeu, levam o autor a considerar que o antissemitismo não constituía uma característica de Hoyningen-Huene. Com a chegada dos primeiros refugiados alemães judeus e/ou antinazis — então apelidados de «emigrantes» — a Portugal, Oswald von Hoyningen-Huene «queixou-se» junto de Berlim de que as autoridades fronteiriças portuguesas estavam a restringir a sua entrada. Ora, como a política antissemita nazi passava então pela desejada saída de todos os judeus do seu território, o ministro da Alemanha em Lisboa velou então, contra a atitude da PVDE, por que mais judeus alemães pudessem entrar em Portugal.

Numa ocasião, o ministro alemão informou o Auswärtiges Amt acerca dos «emigrantes» judeus alemães que, mal se instalavam em Portugal, abriam empresas de *import-export* ou de representação de firmas alemãs, razão pela qual e devido à concorrência que representavam os portugueses desejavam que a emigração para Portugal fosse limitada ([2]). Nesse período, Hoyninguen-Huene também submetia os

---

([2]) Politisches Archiv Auswärtiges Amt (PAAA), Lissabon 11 # 5301: 19-21.

professores universitários e académicos alemães em Portugal a um questionário onde tinham de provar que não eram judeus. Aconteceu, por exemplo, em 1938, com académicos alemães em Coimbra e Lisboa, entre os quais se incluíam o zoólogo Ernst Matthes, Joseph Maria Piel e Albin Eduard Beau, professor em Coimbra, que, aliás deu explicações específicas acerca da sua origem «ariana» ([3]).

No dia em que a Alemanha invadiu a Polónia, a 1 de setembro de 1939, e o regime português declarou a sua neutralidade, Hoyningen-Huene encontrou-se com Salazar, assegurando-lhe que, se, no conflito atual com a Polónia, Portugal mantivesse essa posição neutra, a Alemanha declarava respeitá-la, bem como zelar pela «integridade do território português, tanto o do continente como o das possessões» ([4]). No seu interrogatório de 1945, Huene esclareceu que não só se preocupou em tranquilizar Salazar quanto às ambições alemãs relativamente às colónias portuguesas, como procurou ajudar Portugal a manter a neutralidade, o que não terá sido fácil, sobretudo em 1943 e 1944, com a concessão das facilidades nos Açores e a proibição da exportação de volfrâmio. No livro, vemos que Hoyningen-Huene sublinhou ter atuado no sentido de evitar que Portugal quebrasse a neutralidade com o Japão, após a ocupação de Timor, e de procurar aproximar Portugal e Espanha. Ribbentrop, responsável pelo AA a partir de 1938 e superior hierárquico de Huene, terá chegado a afirmar que, com este, «Salazar dispunha de dois ministros plenipotenciários, um em Berlim e outro em Lisboa».

No caso do programado «rapto» em Portugal dos germanófilos duques de Windsor, em 1940, ordenado por Ribbentrop a Walter Schellenberg, elemento da Gestapo-SD, o autor revela no livro um telegrama ultrassecreto que aquele responsável pelo AA enviou, a 31 de julho, a von Hoyningen-Huene pedindo «para que na maior das confidências fale a Ricardo Espirito Santo, seu amigo e "homem da nossa confiança" (*Vertrauensmann*), que procure a todo o custo

---

[3] PAAA, Lissabon 227#5517 51; R67242. Berlim 30/9/40.
[4] Franco Nogueira, *Salazar*, vol. III (Porto: Civilização, 2000, 5.ª ed.): 226.

impedir que o duque de Windsor vá para as Bahamas, onde Churchill o quer manter». Como constata José Duarte de Jesus, esse documento é revelador, tanto das relações de amizade entre Ricardo Espírito Santo e von Hoyningen-Huene como da confiança que a Alemanha nazi punha no banqueiro português.

Com a invasão da União Soviética pelas tropas da Wehrmacht, em junho de 1941, que galvanizou os germanófilos portugueses, ao transformar a guerra total alemã numa cruzada anticomunista, Hoyninguen-Huene teve, a pedido de Ribbentropp, um encontro com Salazar para discutir a possibilidade de ser criada uma «formação de voluntários portugueses para a luta contra o bolchevismo na Rússia», à semelhança do que fez o governo espanhol. O ditador português não viu utilidade no envio dessa formação, mas prometeu «dar, por meio duma manifestação pública, uma larga expressão ao ponto de vista positivo de Portugal em face da actual luta contra o bolchevismo» ([5]).

Outro episódio ocorreu, em 1943, quando cerca de 4000 judeus da Holanda, reclamando-se de descendência portuguesa, apresentaram uma «petição», solicitando uma intervenção urgente do governo luso para que pudessem sair daquele país ocupado ([6]). Através de um testemunho e de um telegrama de Salazar, sabe-se que, nas palavras deste último, um «categorizado israelita português» — o presidente da CIL, Moisés Amzalak — lhe pedira para atuar em proteção desses judeus da Holanda. O chefe do governo português transmitiria depois a Amzalak o teor de uma conversa tida com Hoyningen-Huene, o qual teria assegurado que os judeus em causa nada teriam a recear, caso fossem cidadãos portugueses, dado que Portugal era um país neutro. No entanto, se fossem considerados judeus holandeses, seriam encarados como inimigos ([7]). Recorde-se que o tratamento reservado aos

---

([5]) Direção-Geral dos Arquivos – Instituto do Arquivo Nacional da Torre do Tombo (DGARQ), Arquivo Oliveira Salazar, AOS/ND-1, pt. 1.

([6]) Public Record Office (PRO) – HW 12-296 21 março/43 115503, 17/3/1943.

([7]) Relatório do Dr. R. Migdal, cônsul-geral de Israel em Portugal, de outubro de 1973, Haim Avni, «L'Espagne, le Portugal et les Juifs sépharades au XX siècle. Propositions pour une étude comparée», *Mémoires juives d'Espagne et du Portugal*, dir. Esther Benbassa (Paris. Publisud, 1996): 323 e segs.

«judeus súbditos de algum Estado inimigo» era o «internamento» ([8]). Infelizmente, seria isso que viria a acontecer aos 4000 judeus de ascendência portuguesa da Holanda, quase todos deportados e assassinados pelos nazis.

Entretanto, num ofício pessoal da Legação alemã, dirigida a 12 de outubro de 1943 ao ministro dos Negócios Estrangeiros do Reich, Hoyninguen-Huene informou ter ficado surpreendido com o facto de Portugal vir a «conceder nos Açores, com efeito imediato, certas facilidades de que a Inglaterra necessita para se defender contra a ameaça da guerra submarina». Huene manifestou, porém, a convicção de que a neutralidade portuguesa prosseguiria, no continente, e de que as relações económicas bilaterais com a Alemanha continuariam ([9]). A essa derrota alemã, em Portugal, sucedeu outra com o embargo do volfrâmio português à Alemanha, do qual Hoyningen-Huene foi informado, do mesmo em início de 1944, por Teixeira de Sampaio ([10]).

Ao fim de dez anos de uma estada em Portugal, Hoyningen-Huene foi então chamado ao Auswärtiges Amt, para lhe darem conta da sua substituição à frente da legação alemã. Correu o rumor de um possível envolvimento do barão no atentado de 20 de julho desse ano de 1944 contra Hitler, onde estiveram envolvidos oficiais e aristocratas, bem como elementos da Abwehr, mas o mais provável é que o Ministério dos Assuntos Exteriores alemão tivesse considerado que Huene falhou ao não conseguir impedir o acordo dos Açores e o embargo do volfrâmio. Foi pelo menos a opinião do ex-ministro dos Negócios Estrangeiros de Salazar e seu biógrafo, Franco Nogueira, segundo o qual o «distinto e impecável» diplomata alemão, que «cativara Lisboa e conquistara Salazar», foi «finalmente retirado pelo seu governo, que o culpa do Acordo dos Açores, do acordo sobre o

---

[8] Bernd Rother, *Franco y el holocausto* (Madrid: Marcial Pons, 2005): 119.
[9] Apud. António Louçã, *op. cit.*: 287.
[10] DGARQ, AOS/CO/NE-2, pasta 53 «Relações comerciais com a Alemanha (1944)».

volfrâmio, dos entendimentos com ingleses e americanos a propósito de Timor». Salazar ter-se-á despedido «com pesar» do alemão, ao mesmo tempo que enviava «à Baronesa de Hoyningen-Huene, mulher de raça e beleza, flores e saudações muito deferentes» ([11]).

É certo que, num telegrama confidencial de 9 de outubro de 1944, enviado à legação de Portugal em Berlim, Salazar deu conta do seu receio de que haveria uma substituição na chefia da Legação da Alemanha em Lisboa, correndo rumores de que o governo alemão estaria disposto a substituir «raros representantes existentes por gente partido mais qualificada acção enérgica», num período em que a situação mais aconselharia a «manter e cultivar amizades possíveis para depois guerra» ([12]). No final desse mês, a legação da Alemanha informou que seria designado como sucessor de Huene o primeiro conselheiro da Embaixada da Alemanha em Madrid, Sigismundo Freiherr von Bibra. A substituição não agradou a Salazar, e a recusa do *agrément* pelo governo português foi justificada com o facto de aquela ter sido levada a cabo com um procedimento «contrário a todos os usos diplomáticos» da partida de Huene e com a inoportunidade de se iniciar então «um novo período de actividade» das relações luso-alemãs.

Em conversa com Helmuth von Dietmar, encarregado de negócios da Alemanha, o secretário-geral do Ministério dos Negócios Estrangeiros, Teixeira de Sampaio, frisou que o «feitio» de Huene fora muito importante para as boas relações entre Portugal e a Alemanha. Na sua opinião, eram «pessoas daquele temperamento sem se evidenciarem no presente ou no passado por atitudes políticas relativamente a ideologias ou partidos» que constituíam os «agentes» que mais facilmente promoviam as boas relações em períodos conturbados. Por outro lado, e numa clara alusão a Bibra, Sampaio considerou que as pessoas com uma atividade política mais intensa poderiam levantar

---

([11]) Franco Nogueira, *Salazar*, III: 561.

([12]) AHDMNE 3 p a 8m 1-3, 7791 Telegrama expedido pelo ministro para a legação de Berlim, 9/10/44.

PREFÁCIO

dificuldades. Com «uma cara bastante séria e de sobrolho franzido», Dietmar terá dito a Teixeira que todos os alemães pertenciam ao partido, retorquindo o secretário-geral do MNE estar a referir-se à «actividade externa», e não a convicções ([13]). Na realidade, o enviado por Berlim para chefiar a legação alemã viria a ser von Halem, que apresentou as suas credenciais em abril de 1945 ([14]).

A Segunda Guerra Mundial estava à beira de terminar com a derrota da Alemanha, e, nessa situação, qual foi o destino de Hoyningen-Huene, depois de ser chamado a Berlim, em setembro de 1944? Tal como é descrito no livro, foi recebido por Ribbentrop, que lhe comunicou tratar-se a partida de Lisboa de uma decisão do próprio Hitler e que seria enviado para Constância, sob residência fixa, ficando depois sob custódia das autoridades francesas, onde redigiu um memorando, datado de 3 de julho de 1945. Neste, perpassa a pergunta retórica «Onde reside a minha culpa?», à qual ele próprio responde que, «se há uma culpa ela é colectiva». É desta forma que Duarte de Jesus interpreta — e bem — o documento, considerando que foi escrito, «pelo menos, também para o Tribunal de Nuremberga, que, depois de o submeter a vários interrogatórios, o absolveu».

Hoyningen-Huene assinala a sua amizade «com Moisés Amzalak, a ajuda que teria prestado a judeus alemães em Lisboa e as críticas de que foi alvo pelos nazis, que não gostariam dele. Sobre o extermínio dos judeus, afirmando aliás que estes «não constituíam problema para Portugal, Huene relata que «nada sabia», bem como ignorava o que se passava nos campos de concentração, só tendo ouvido falar em Dachau e Sachsenhausen no Pós-guerra, o que não é de todo credível. A sua justificação é sempre a de que, enquanto ministro da Alemanha de Lisboa, se havia «limitado» a representar a sua pátria, e não o regime hitleriano, que «por acaso» dominava então a Alemanha. Quanto ao nazismo, diz: «Não, não foi por causa do nacional-socialismo, mas apesar do nacional-socialismo que consegui trabalhar com êxito em

---

[13] AHDMNE, GSG 6, pasta 8.
[14] DGARQ, AOS/CO/NE-2, Pasta 56.

Portugal». Conclui, na passagem citada no livro: «em suma nem todo o nazi era membro do partido, nem todo o membro do partido era nazi.» Mas, como questiona o autor: «Por que se não demite? Por que aceita representar oficialmente Adolfo Hitler no estrangeiro? Para salvar o possível da imagem da sua pátria?»

Mathias Fischer, recentemente conselheiro económico da Embaixada da Alemanha em Lisboa, analisou esse memorando de Hoyningen-Huene, que o próprio assume tratar-se de um texto de justificação, relevando a frase segundo a qual este teria sido «um funcionário enviado pela Alemanha nacional-socialista», mas que as autoridades nazis nunca o haviam «pretendido designar como um enviado nacional-socialista». Assegurou que teria «trabalhado do mesmo modo, falado do mesmo modo, escrito do mesmo modo, se tivesse tido este cargo sob outro regime». Huene reivindicou para si próprio que, nos dez anos à frente da legação em Lisboa, impregnados de pequenos conflitos com representantes locais do partido, assumiu sempre a «representação do Reich», em resultado da sua consciência do dever, mas recusou ter colaborado na «propagação do nazismo».

Se não foi provavelmente um «nacional-socialista convicto» e se é concebível que Huene até poderia ter participado ativamente na resistência alemã contra Hitler, devido à sua amizade com Canaris, Matthias Fischer descarta, no entanto, tal iniciativa antinazi, dado que o próprio, no seu memorando justificativo, onde teria todo o interesse em utilizar esse facto para sua defesa, nunca o refere. Fischer considera que Hoyningen-Huene foi «acima de tudo um burocrata» que representou a Alemanha nacional-socialista e tem razão em encarar com ceticismo a afirmação de que aquele nada teria sabido sobre os horrores do nacional-socialismo. Na velha discussão sobre a distinção weberiana entre a ética da convicção e a ética da responsabilidade, é justo concluir-se que talvez «tivesse feito parte dos requisitos da sua missão de responsabilidade» que Huene soubesse precisamente «o que se estava a passar!» ([15]).

([15]) Enviado por *e-mail* pelo senhor embaixador da Alemanha em Portugal, Ulrich Brandenburg.

PREFÁCIO

Muitos dos aspetos presentes no memorando são repetidos no relatório, elaborado na sequência do longo interrogatório a que Hoyningen-Huene foi sujeito pelo Sexto Grupo do Exército norte-americano, a 2 de outubro de 1945, em Constança, e resumidos por José Duarte de Jesus. De novo, o que chama a atenção é a forma como Huene tenta magnificar os seus conflitos com a Gestapo e os representantes nazis em Portugal. Escapando às acusações do Tribunal de Nuremberga, no quadro do processo de 1947 contra os funcionários do Ministério dos Negócios Estrangeiros alemão (*Wilhelmstrasseprozess*), o barão von Hoyningen-Huene acabou por regressar ao Estoril, dois anos depois do final da guerra, onde permanecia a sua primeira mulher, Gudrun. Esta faleceu em 1956, casando ele de novo, no ano seguinte, e continuando a residir no Chalé Maravilha do Estoril. Viria a falecer na Suíça, em 1963.

De destacar ainda neste livro a lista muito importante dos nomes dos representantes nazis e de todos os elementos da legação da Alemanha em Lisboa, incluindo os membros das duas organizações de informações, espionagem e contraespionagem— a Abwehr, do Alto-Comando Militar, dirigida superiormente pelo almirante Canaris, entre 1935 e fevereiro de 1944, e a Gestapo-Sichercheits Dienst, cujo chefe supremo foi o SS Heinrich Himmler. É certo que o autor não afirma categoricamente se o seu biografado pertenceu ou não à Abwehr, embora mencione a sua proximidade com Canaris, ou se ele esteve envolvido diretamente no atentado contra Hitler, de junho de 1944, escapando à repressão. No entanto, o livro acrescenta muitos dados e episódios, contribuindo para fazer a história dessa personagem e desse período, nomeadamente no que se refere ao relacionamento entre o Portugal de Salazar e a Alemanha de Hitler.

Permito-me também destacar como aspeto muito importante o relacionamento de Huene com a Abwehr e Canaris, que terá vindo a Lisboa, a 26 de maio de 1942, com um passaporte oficial, mas com um nome falso, enquanto «delegado da Reichswehr», «para se avistar com elementos aliados e elaborar uma avaliação da possibilidade de fazer um acordo de paz». Duarte de Jesus aventa a hipótese de

Canaris se ter encontrado com o seu homólogo britânico, o general Menzies, chefe da MI6, ao qual o referido *Lisbon Report*, prevendo um ataque a 20 de outubro de 1944 à base de Peenemuende, também teria sido entregue por um elemento da *Schwarze Kapelle* ou Abwehr, na capital portuguesa.

Quanto à ligação, ou não, de Huene ao atentado contra Hitler, em 1944, o autor deste livro não exclui que aquele pudesse ter feito «parte duma "franja" de amigos do *Freundeskreis»* («círculo de amigos»), em contacto com Wilhelm Canaris e com outros opositores de Hitler membros da Abwehr. Ora, todos estes partilhavam a tese de Weizsaecker, o seu secretário de Estado», de que se deveria manter «em funções para evitar o pior». Finalmente, no que diz respeito ao relacionamento com a Gestapo-SD, Huene reconheceu Erich Schröder, enviado pelo Ministério do Interior a fim de tratar com a PVDE, o qual foi nomeado na qualidade de colaborador científico, razão pelo qual não figurara na lista do corpo diplomático, mas disse desconhecer outros agentes da SD em Portugal.

No Pós-guerra, não foi apenas Hoyningen-Huele a ser interrogado pelos aliados. Também o representante da polícia alemã em Lisboa, Gestapo-SD, entre 1941 e 1945, Erich Emil Schroeder, foi preso e sujeito a interrogatório pelo Centro Militar dos Serviços Secretos (EUA) ([16]), assinalando o papel de Hoyningen-Huene na cooperação com todas agências secretas alemãs em Portugal, sobretudo na «planificação de medidas em comum contra serviço noticioso e informativo inglês». Schroeder afirmou ter sido o próprio Hoyninguen-Huene, provavelmente em 1942, a telegrafar ao chefe de brigada SS da Gestapo-SD, Müller, informando-o acerca da mudança supostamente surpreendente da PVDE, que, ao contrário de anteriormente, pretendia então uma cooperação oficial com a Polícia Alemã ([17]).

Por outro lado, o ministro da Alemanha decidiu satisfazer essas pretensões de Kramarz, da secção V do AA (Ministério dos Negócios

---

([16]) DGARQ, AOS/CO/IN – 8 C, pasta 43.
([17]) PAAA, 162/7 — Portugiesiche Polizei Lissabon.

Estrangeiros alemão), no sentido de reforçar o número de elementos da Abwehr na representação diplomática em Lisboa, para a obtenção e informação sobre a Grã-Bretanha e os EUA ([18]). Schroeder afirmou ter tido reuniões diárias, até ao fim de 1944, com o ministro da Alemanha Hoyninguen-Huene e, depois, com o substituto deste, Von Halen, com os quais discutia habitualmente sobre a atividade comunista em Portugal ou os passos dados pelo governo português contra os alemães suspeitos de espionagem ou violação das leis portuguesas.

Muito obrigada por este livro, embaixador José Duarte de Jesus.

IRENE FLUNSER PIMENTEL

([18]) PAAA 101858.

INTRODUÇÃO

Oswald Baron von Hoyningen-Huene é hoje uma personalidade conhecida dos investigadores, na Alemanha e em geral, no que respeita à sua origem, ao seu casamento e à sua vida académica e profissional na Alemanha pré-nazi.

Não vamos, por isso, demorar-nos sobre esses aspetos da sua vida. O foco da nossa investigação é fundamentalmente a atividade diplomática do «último» representante do III Reich durante 10 anos em Lisboa, e, através deste fio condutor, analisar e avaliar o contexto alemão que precedeu a sua nomeação por von Hindenburg; em seguida, iremos contextualizar o quadro político-diplomático português na sua vertente de política externa, sem deixar de sublinhar as condições *sui generis* reinantes na Alemanha.

Optámos por classificá-lo como «último» representante diplomático do III Reich em Lisboa, pois foi-o durante cerca de 10 anos, apesar de ter havido ainda um sucessor durante poucos dias e que nunca figurou nas listas oficiais do Ministério dos Negócios Estrangeiros português.

Dadas as circunstâncias internacionais da época, a explosão interna do nacional-socialismo na Alemanha, o início da Segunda Guerra Mundial, a neutralidade que Portugal assumiu perante o conflito, a questão do volfrâmio, a negociação da base dos Açores e as suas relações com elementos da comunidade judaica, o papel diplomático de von Hoyningen-Huene foi, profissionalmente, muito relevante.

As três capitais neutras na Europa durante o conflito, entre as quais Lisboa, assumiram uma importância imensa para os serviços secretos alemães e para a ação secreta da oposição interna a Hitler. Von Hoyningen-Huene desempenha um papel delicado neste quadro.

As amizades que soube consolidar com Salazar e com Carmona merecem ser analisadas, tanto na vertente de «diplomacia pública» como na de «diplomacia reservada».

Não veio a resistir, porém, à reação violenta das autoridades hitlerianas, designadamente à do Ministério dos Negócios Estrangeiros, face ao atentado falhado contra o Führer, a 20 de julho de 1944, e foi, assim, chamado a Berlim e destituído das funções que exercia.

A legação da Alemanha em Lisboa apresentava condições muito difíceis para o seu chefe, dadas as constantes interferências dos esbirros da ditadura nazi, nos mais variados sectores da sua atividade.

Mesmo depois da sua saída, a legação foi protagonista de estranhos e interessantes episódios, que espelhavam a desorientação que reinava em Berlim, nas vésperas do colapso final.

Von Hoyningen-Huene escapou às acusações do Tribunal de Nuremberga, designadamente no quadro do processo autónomo contra os funcionários do Ministério dos Negócios Estrangeiros alemão, que ficou conhecido como o Wilhelmstrasseprozess (Wilhelmstrasse era a rua onde se situava o dito Ministério).

Acabou por regressar ao Estoril, dois anos depois do final da guerra, onde veio a instalar-se e onde viveu com a sua segunda mulher, até falecer, na Suíça, em 1963.

Neste período, porém, Salazar ainda lhe reservou uma importância não despicienda.

I PARTE

ANTES DA COLOCAÇÃO COMO MINISTRO EM LISBOA EM 1934

1.
Quem era Oswald von Hoyningen-Huene

A família von «Hoynge (n)», chamada «Hu(e)ne», hoje von Hoyningen-Huene, pertence à velha nobreza alemã da região dos Bálticos.

As origens da família, segundo alguns dos seus membros que se têm dedicado a estudar o assunto, parecem ter origem num tal Johann, senhor de Kurland, com referências documentais que remontam a 1500.

Na Idade Média alemã, toda a terra era propriedade do rei ou da Igreja, sendo estas entidades que a «doavam», por serviços prestados, a um duque, o qual a dividia por condados, cujos titulares, os condes, a distribuíam por seus vassalos de nobreza mais baixa, os barões.

Um dos membros da família von Hoyningen-Huene proferiu no castelo de Hoehnscheid, em 1970, no chamado «Dia da Família», que se celebra a 6 de junho, uma conferência em que desenvolve uma panorâmica histórica muito pormenorizada sobre este tema.

Dada a sua antiguidade, este clã, que sempre manteve os apelidos, está hoje disseminado por várias partes da Europa, Canadá, Estados Unidos, etc.

Oswald Baron von Hoyningen-Huene nasceu na Suíça, a 29 de julho de 1885, e veio a casar em abril de 1925 com a elegante berlinense Gudrun Borsig, filha do industrial alemão Conrad von Borsig, que era irmão do famoso Ernst von Borsig, conhecido pela indústria de produção de locomotivas e, mais tarde, de material de guerra.

Oswald von Hoyningen-Huene será o último ministro plenipotenciário do Reich em Lisboa a ser formal e plenamente reconhecido pelo nosso protocolo de Estado.

Ficha dos serviços do protocolo de Estado.

Gudrun von Borsig e seu pai, Conrad.

Brasão da família
von Hoyningen-Huene.

Dístico da empresa Borsig.

2.

O contexto político alemão na altura

Depois de uma carreira na Procuradoria-Geral como jurista, o barão von Hoyningen-Huene ingressou em 1922, já com 37 anos, na carreira diplomática e, poucos anos depois, era assessor diplomático do presidente do Reich, o marechal von Hindenburg, cargo que ocupou até ser nomeado ministro plenipotenciário em Lisboa.

Coube-lhe, assim, durante todo o conturbado período do desmembramento e liquidação da República de Weimar e da ascensão de Adolfo Hitler ao cargo de chanceler, ser assessor do presidente do Reich, a quem informava regularmente sobre as reações externas e, em especial, as preocupações da Europa com o que se passava na Alemanha.

Assiste, já na Presidência, à queda do chanceler Hermann Mueller, do SPD, à nomeação do novo chanceler, Heinrich Bruening, do Partido Católico, e às tentativas de criar um governo antiparlamentar e antimarxista, que levam o presidente e o chanceler a dissolver um Parlamento ingovernável, em julho de 1930.

Hoyningen-Huene é observador destes acontecimentos a partir do gabinete presidencial, designadamente aquando das eleições do «verão quente» de 1930, em que a população alemã tem uma afluência recorde às urnas, de 82%.

Já em maio, num encontro com Otto Strasser, Hitler revela o âmago da sua doutrina revolucionária: a revolução possível não será económica, política ou social, mas racial.

Estas eleições, embora não tenham dado maioria a Hitler, catapultaram-no de uma prévia plataforma de 2,6% para 18%, tornando o seu Partido Nazi (NSDAP) o segundo maior depois do SPD. Estas circunstâncias assustavam a direita conservadora, a que pertenciam o presidente e grande parte da nobreza alemã, assim como o futuro ministro em Lisboa.

A esquerda alemã estava dividida, o SPD enfraquecido e o DKP (Partido Comunista Alemão) conseguia alcançar somente 13%, bem atrás do NSDAP.

O SPD, que chegou a ser o partido mais votado na Alemanha antes da Primeira Guerra Mundial, como consequência de ter votado os créditos para esta, dividira-se em três grandes orientações: a «spartakista», a do SPD independente (USPD) e a do Partido Comunista.

Perdera também algumas das suas figuras tutelares, como Friedrich Ebert, que foi Chanceler e presidente até 1925, ou a mais radical Rosa Luxemburg, barbaramente assassinada em 1919, e Karl Liebknecht, que acabou por fundar o Partido Comunista Alemão e foi assassinado no mesmo ano.

Contrariamente às expectativas criadas pelas ardentes e espetaculares campanhas eleitorais de Hitler, Hindenburg ganha, com 53%, a segunda volta das eleições presidenciais, e Hitler perde, com 37%. Ainda a 13 de agosto de 1932, Hindenburg recusa o cargo de chanceler a Adolfo Hitler, que o exige como condição para integrar um governo de coligação.

Seguiu-se grande agitação nos bastidores da política, acompanhada de uma atmosfera de terror nas ruas, especialmente depois do bárbaro assassinato de Potempa pelos SA, que levou entretanto o novo chanceler, von Papen, a promulgar um decreto— especial sobre a pena de morte para assassinatos políticos. Mas tal era a fraqueza do poder político face ao avanço do nazismo que a aplicação da pena aos cinco culpados do crime acabou gorada.

Finalmente, a 30 de agosto, o Parlamento é de novo dissolvido, e assim acaba definitivamente a representação partidária, pois, com a ajuda de parte do grande capital, Hindenburg reúne-se com Hitler a

O CONTEXTO POLÍTICO ALEMÃO NA ALTURA

19 de novembro de 1932 e nomeia-o chanceler do Reich em janeiro de 1933. Pouco depois, virá, para mal da Alemanha e da Europa, a assumir também a Presidência do Reich.

Nasce, assim, a nova entidade política: o Führer.

No que respeita a von Hoyningen-Huene, tudo leva a crer que teriam sido boas as suas relações com von Hindenburg e que a confiança política que o presidente do Reich nele depositara como seu assessor diplomático era suficientemente firme para, em tão agitado e grave período, o ter mantido no cargo (notas 1 e 2).

3.

A oposição a Hitler no Ministério Alemão dos Negócios Estrangeiros e na nobreza: o *Freundeskreis*, a *Schwarze Kapelle* e von Hoyningen-Huene

Convém ter em mente que a esquerda alemã, desde a subida de Hitler ao poder, estava decapitada. Os comunistas eram perseguidos, o SPD foi proibido e os seus membros presos, mortos ou enviados para campos de concentração. Alguns conseguiram formar uma rede no estrangeiro, que veio a chamar-se SOPADE, primeiro em Praga, até 1938, depois em Paris, até 1940, e, finalmente, em Londres, até ao fim da guerra.

Restavam, assim, nas Forças Armadas, o almirante Canaris da Abwehr (serviços secretos militares) e alguns dos seus colaboradores e, integrada no funcionalismo alemão, em particular na diplomacia, uma corrente conservadora e ligada à nobreza, profundamente anti-hitleriana. Uma grande parte do grupo oposicionista do AA (Ministério dos Negócios Estrangeiros) optou por se manter dentro do sistema para, a partir do interior, «evitar o pior», no dizer daquele que era considerado cabeça desse grupo. O resultado, porém, não foi o esperado.

Como previa, em 1944, o diplomata português Manuel Homem de Mello, então secretário da nossa legação em Berlim, num dos seus relatórios anuais, uma ação da oposição, dadas as circunstâncias referidas e a força e omnipresença da SS e da Gestapo, só poderia ser encabeçada pelas Forças Armadas.

A tentativa de assassinar Hitler, a 20 de julho de 1944, que ficou conhecida por Operação Valquíria, está historicamente estudada, pelo que só me referirei a ela nas suas implicações com o grupo opositor formado por diplomatas alemães, não esquecendo que o ministro em Lisboa, von Hoyningen-Huene, era um dos membros dos diplomatas da aristocracia alemã.

Façamos uma lista, por ordem alfabética, dos mais diretamente implicados na Operação Valquíria, aludindo aos seus quadros de origem e distinguindo os militares, os membros dos serviços secretos militares (Abwehr) e os diplomatas *(AA)*:

— general Ludwig BECK, que se suicidou em 1944;
— pastor protestante Dietrich BONHOEFFER, membro da Abwehr, executado em 1945;
— Hans von DOHNANYI, membro da Abwehr, executado em 1945;
— Hans Bernd GISEVIUS, membro da Abwehr, com funções consulares (AA) e que fugiu para a Suíça;
— Carl Friederich GOERDELER, funcionário, também executado em 1945;
— tenente Werner von HAEFTEN, adjunto de Stauffenberg, cabeça do atentado, que foi executado em 1944;
— Ulrich von HASSEL, antigo embaixador em Roma (AA), que foi executado em 1944;
— general SS, Graf Wolf-Heirich Graf von HELLDORFF, que foi executado em 1944;
— tenente-coronel Caesar von HOFACKER, que foi executado em 1944;
— Julius LEBER, único social-democrata que esteve preso, passou por campos de concentração e acabou executado em 1945;

— Helmuth, Graf von MOLTKE (AA), que foi executado em 1945;
— general Friedrich Olbricht, executado em 1944;
— general Hans OSTER, membro da Abwehr, executado em 1945;
— Fritz-Dietlof Graf von SCHULENBURG, vice-presidente da Polícia de Berlim, também executado em 1944 (personagem referida no prólogo);
— coronel Claus Schenk Graf von STAUFFENBERG, cabeça da conspiração, executado em 1944;
— general Heinrich von STUELPNAGEL, igualmente executado em 1944;
— general Henning Hermann Robert Karl von TRESCHKOW, iniciador da Operação Valquíria, que se suicidou em 1944;
— Adam von TROTT zu SOLZ, diplomata (AA) e agente da Abwehr, que vem a ser executado em 1944;
— «Feld-Marschall» Fritz von WITZLEBEN, que também foi executado em 1944.

Desta lista, não completa, pois não inclui aqueles que colaboraram, mas somente os que estiveram diretamente envolvidos no golpe, verifica-se que a maioria corresponde a militares, embora dela constem alguns diplomatas.

Recordo, quando estava colocado em Bona, no início da década de 60 do século XX, ouvir a narrativa de que, depois da guerra, muitos diplomatas gostavam de mostrar a sua antipatia pelo regime nazi, pois ambicionariam, sobretudo os mais novos, encontrar lugares no novo AA da República Federal Alemã. Independentemente destas circunstâncias, em investigações mais recentes tem-se verificado que os ativos opositores não eram em grande número. Muitos deles atuavam, mas já como reformados. Por outro lado, é difícil estabelecer a distinção entre muitas ações individuais e as de um grupo organizado ([19]).

([19]) Vide o estudo de Jan Erik Schulte e Michael Walla.

Segundo o nosso primeiro embaixador em Bona, dizia-se, por graça, que havia mais funcionários no novo AA que tinham tido cartão do Partido Nazi do que no tempo de Ribbentrop. Nas minhas pesquisas só encontrei, com aparente certeza, um diplomata, que trabalhava para os norte-americanos, a quem teriam passado mais de mil telegramas e que não fora membro do NSDAP. Era o famoso Fritz Kolbe ([20]).

Curiosamente, referia-se então um certo grupo de opositores, mais ou menos ativo, de diplomatas como o *Freundeskreis*, ou seja, o «círculo de amigos». Muitos destes «amigos» mantinham contactos permanentes com Wilhelm Canaris e com outros opositores de Hitler, membros dos serviços secretos militares de Canaris, o Abwehr, como Hans Oster e von Dohnanyi.

Os que mais se distinguiram deste *Freundeskreis* foram Gottfried von Nostiz e Albrecht von Kessel, mas contavam-se outros, como Eugen Gerstenmaier — que ainda conheci durante a minha missão em Bona —, Eduard Brueklmeier, Franz Josef Furtwaengler, etc. ([21]).

Também julgo importante salientar que a grande maioria destes opositores era antidemocrática e pouco simpatizante com a República de Weimar, defendendo ideias diferentes quanto ao futuro da Alemanha.

Para que fique claro, o Tribunal Popular que julgou, na sequência do atentado de 20 de julho de 1944, os membros do AA condenou logo à morte os diplomatas Ulrich von Hassel, Friedrich Werner Graf von der Schulenburg, Hans Bernd von Haeften e Adam von Trott zu Solz.

Refira-se que, neste julgamento, dos 156 acusados, 104 receberam a pena capital, 33 foram presos e só 19 não foram inculpados ([22]).

([20]) Já citado livro de Erik Schulte e Michael Wala.
([21]) Vide o estudo de Hans Mommsen.
([22]) Vide o estudo de Johannes Tuchel.

Placa existente no Ministério dos Negócios Estrangeiros alemão
que assinala os condenados à morte pelo atentado de julho de 1944.

No dia 20 de julho de 1961, o então ministro von Brentano inaugurou uma placa, no novo edifício do AA, em Bona, em memória dos diplomatas de carreira, dos que exerceram funções diplomáticas ou que tiveram funções no AA e foram condenados à morte pelo atentado de 20 de julho de 1944, de onde constam os seguintes nomes:

— Albrecht Graf von Bernstorff, que foi embaixador em Londres;
— Eduard Brueckmeier, que foi secretário de legação em Londres;
— Herbert Gollnow, dos serviços consulares;
— Hans-Bernd von Haeften, que foi conselheiro de legação de primeira classe;
— Ulrich von Hassel, que foi embaixador em Roma;
— Otto Kiep, conselheiro de embaixada em vários postos;
— Richard Heinrich Maria Kuenzer, cônsul em vários postos;
— Hans Litter, que, sendo embora militar, foi colaborador científico do AA;

— Herbert Mumm von Schwarzenstein, secretário de legação em vários postos;
— Friederich-Werner Graf von der Schulenburg, que foi embaixador em Moscovo;
— Adam von Trott zu Solz, conselheiro de legação ([23]).

Grande parte preferia uma paz com a Grã-Bretanha, a exemplo de Canaris — o caso mais paradigmático —, mas alguns pensavam na Rússia como possível alternativa futura.

Von Hassel e Moltke defendiam a ideia de que a Alemanha devia ficar como uma grande potência na Europa, para garantir uma estabilização da União Soviética a leste — *containment policy* — e assegurar uma Europa forte e independente.

Contrariamente a alguns investigadores, não podemos excluir que von Hoyningen-Huene fizesse parte de uma «franja» de amigos do *Freundeskreis* que partilhava a tese de Weizsaecker, o seu secretário de Estado (cargo que corresponde parcialmente ao do nosso secretário-geral), «tido como chefe» pelas funções que desempenhava mais do que pelos atos praticados como opositor. A tese era: «manter-se em funções para evitar o pior.»

Convém, de resto, lembrar que o antecessor de Weizsaecker era Bernhard von Buelow, no tempo do ministro von Neurath. Foi já von Ribbentrop que, tendo assumido o cargo de ministro dos Negócios Estrangeiros em fevereiro de 1938, nomeou o barão (Freiherr) Ernst von Weizsaecker como secretário de Estado.

Se o *Freundeskreis* ficou conhecido como o grupo dos opositores mais ou menos ativos do AA, a Gestapo criou a designação de *Schwarze Kapelle* (a orquestra negra) como título mais genérico de todos os opositores ao sistema.

O julgamento de von Weizsaecker, primeira figura da diplomacia alemã a seguir a Ribbentrop, considerado mentor do *Freundeskreis* dos opositores do AA, assume um carácter *sui generis*.

([23]) Brochura sem identificação publicada em 1961, pelo AA.

Basear toda a sua defesa na aludida tese de «ficar em funções para evitar o pior», quando muitos dos membros daquele círculo tiveram atos de coragem que lhes valeram condenações à morte, parece uma atitude bastante dúbia.

Weizsaecker foi membro da SS, mas argumentava que sempre esteve política e ideologicamente longe dessa organização, mesmo quando lhe foi perguntado no julgamento por que razão coassinara o famoso documento 261425, de 20 de março de 1942, que conduziu à morte 6000 judeus de nacionalidade francesa e outros judeus apátridas. Face a estas interrogações de Kempner, o inquiridor, Weizsaecker responde: «Penso que a minha posição sobre esse assunto era sobejamente conhecida entre os funcionários do AA... Ninguém poderá dizer que eu apoiei, favoreci ou deixei correr tais atos.» ([24])

Depois de um recurso que reduziu a sua pena de 7 para 5 anos de prisão, acabou por ser libertado a 15 de outubro de 1950 e veio a falecer no ano seguinte.

Refletindo sobre estes factos, tanto no que respeita às ações dos diplomatas nos diversos postos como aos critérios aplicados pelo tribunal, parece fácil compreender que von Hoyningen-Huene não tenha sido considerado culpado, como sublinhou o mesmo Kempner, em 1947, durante um interrogatório mencionado neste livro.

([24]) Ver estudo de Dirk Poeppmann.

Von Weizsaeker.

II PARTE

O DIPLOMATA EM LISBOA ANTES E DURANTE A GUERRA

4.

Colocação em Lisboa, chegada e apresentação de credenciais

Oswald Baron von Huyningen-Huene foi precedido, como ministro plenipotenciário da legação alemã em Lisboa [25], por Eduard Heinrich Wagenmann e Dr. Freytag. O primeiro vivia isolado e, no dizer de muitos, designadamente do seu sucessor imediato, foi uma figura apagada, que nunca se preocupou particularmente com os acontecimentos políticos que iam ocorrendo na capital onde estava acreditado nem se evidenciava pela sua atuação diplomática. O Dr. Freytag, segundo Hoyningen-Huene, ocupava-se basicamente da atividade cultural, embora sejam conhecidos relatórios políticos seus, de 1933 e 1934, sobre a pobreza e o analfabetismo da população portuguesa e sobre o nacional-sindicalismo, «um movimento semelhante ao nacional-socialismo», embora sempre elogiando Salazar, que preservará Portugal do bolchevismo [26].

Na primeira metade de 1934 e como mandam as regras protocolares, o Dr. Freytag pediu, verbalmente, o *agrément* para o seu sucessor, Oswald Baron von Hoyningen-Huene. O barão havia sido nomeado

---

[25] Certamente, por lapso da estenógrafa, no inquérito a von Hoyningen Huene, de agosto de 1947, aparece o nome Hasemann, entre parênteses.

[26] António Louçã, *Portugal visto pelos nazis, documentos 1933-1945*, Fim de Século, 2005.

Ficha do serviço do protocolo do Ministério dos Negócios Estrangeiros português.

pelo presidente da Alemanha, o marechal Paul von Hindenburg, que veio a falecer a 2 de agosto desse mesmo ano, na Polónia, com 87 anos, e que, como se referiu, vencera Adolfo Hitler na segunda volta das eleições a presidente do Reich de 1932 e recusara mais de uma vez a Chancelaria do Reich, que Hitler tanto ambicionava. A simpatia entre ambos nunca foi característica das suas relações.

Finalmente Chanceler do Reich a partir de 19 de novembro de 1933, Adolfo Hitler confirmou a nomeação de von Hoyningen-Huene para Lisboa.

Depois de consultar a nossa legação em Berlim a 29 de junho, o Consulado em Hamburgo e ainda a nossa legação em Estocolmo a 4 de julho, Lisboa concede o *agrément* em outubro do mesmo ano de 1934.

Na sua ficha dos serviços do protocolo de Estado, consta que o novo ministro plenipotenciário foi procurador do Estado alemão, representante, durante 7 anos, do Ministério dos Negócios Estrangeiros junto do presidente, marechal von Hindenburg, secretário de legação em Estocolmo e conselheiro no Departamento do Norte e Ocidente da Europa, no Ministério dos Negócios Estrangeiros em Berlim.

COLOCAÇÃO EM LISBOA

Residência da legação alemã em Lisboa naquela época.

Hoyningen-Huene chegou no navio *Cap Arcona*, facto a que a imprensa deu grande relevo, e foi recebido a bordo por Antas de Campos, em nome do ministro dos Negócios Estrangeiros, pelo cônsul Daehnhardt, pelo vice-cônsul Souto, pelo chanceler Orlob e pelo cônsul da Áustria Wimmer.

Como refere no seu diário, foi recebido na legação pelo pessoal que entoava a canção do partido, «Horst Wessel Lied», e não pôde deixar de admirar o magnífico edifício, que já conhecia por fotografia e descrição, encantado tanto pela sua localização e aspeto exterior como pelas elegantes salas bem decoradas. Esta casa tinha longas tradições, pois já albergara o representante diplomático da Rússia Imperial. Hoje é a Embaixada da República Popular da China.

O barão Hoyningen-Huene não correspondia ao tipo de alemão que os portugueses poderiam imaginar. De estatura média alta, tinha cabelo preto puxado para trás com risca, olhos escuros, andava sempre impecavelmente vestido e com ar sério e solene.

Depois de entregar, a 22 de outubro de 1934, cópia das cartas credenciais ao então ministro dos Negócios Estrangeiros, Caeiro da Mata, apresenta as credenciais ao presidente da República a 24 do mesmo mês, fazendo-se acompanhar do número dois da legação, o primeiro secretário e conde Du Moulin Eckart, e do chanceler Orlob.

Salazar não esteve presente na cerimónia, mas, inexplicavelmente, virá a estar na «clandestina» apresentação de credenciais do sucessor de von Hoyningen-Huene, poucos dias antes do final da guerra.

É de sublinhar a importância que von Hoyningen-Huene deu, no seu discurso de entrega de credenciais, ao período em que trabalhou com o Marechal von Hindenburg e às referências elogiosas que deste ouvira sobre o presidente Carmona e o novo rumo de Portugal. Só depois se refere ao novo Chanceler Adolfo Hitler, que, segundo disse, quer iniciar, também na Alemanha, uma «nova época da sua História», como um «fator para a paz mundial» [27].

Na sua resposta, também Carmona se refere a estes dois elementos. Sobre Hindenburg, afirma «a quem me ligavam laços de camaradagem de soldado» e, acerca do Führer, «de forma a ser um poderoso e eficaz elemento para a paz mundial».

De uma parte e de outra, estas palavras oficiais, como era normal, suscitaram os receios que, na própria Alemanha, em meios que haviam estado ligados a Hindenburg, já se sentiam.

Na cerimónia, é também entregue uma carta de Hitler a Carmona, datada de 6 de setembro, mas assinada pelo então ministro dos Negócios Estrangeiros, von Neurath.

Assim inicia oficialmente von Hoyningen-Huene a sua atividade diplomática em Portugal, país que, como ele próprio dirá, em 1947, em interrogatório no âmbito do Tribunal de Nuremberga, «era um país longínquo e desconhecido para nós», mas também «país muito aberto para nós».

Mais adiante, no decurso deste mesmo interrogatório e face às peripécias que veio a encontrar durante a sua missão, afirmará: «Portugal era uma janela para a Europa» [28].

---

[27] AHD – S1-E31-P3, 84806.
[28] Ifz – Archiv.

5.

Von Hoyningen-Huene, o NSDAP e as suas organizações

Somente em 1939 o diplomata alemão, já a viver em Portugal, se filiou no partido nazi.

Verificamos igualmente que, quando ainda estava em Berlim, em maio e junho de 1933, antes da sua nomeação para Lisboa, havia sido convidado com insistência para se tornar membro, designadamente pela chamada RLS (*Reichluftschutz*) — Organização do Reich para Proteção contra Ataques Aéreos —, organização do partido para a cidade de Berlim (*Landesgruppe Gross-Berlin e.B*).

No seu dossiê existente no AA (Ministério dos Negócios Estrangeiros) constam mais do que um formulário e convites que lhe foram dirigidos pelo partido e aos quais não respondeu, tendo permanecido em branco. A 8 de novembro de 1933, von Hoyningen-Huene, ainda no gabinete do presidente von Hindenburg, envia uma carta a um tal Hirschmann, da aludida RLS, na qual se lê «tenho a honra de mais uma vez informar que ainda pretendo adiar a minha filiação na LRS da minha área. Permito-me, de minha iniciativa, voltar oportunamente a este assunto» [29].

---

[29] AA, Arquivo Político, Espólio de v. HH, fls. 78, 80 e seguintes.

Carta de filiação no partido.

Como veremos nos capítulos posteriores, as suas relações, mais tarde em Lisboa, com o partido e várias das suas organizações foram extremamente difíceis.

Julgo que poderia usar uma expressão do próprio von Hoyningen--Huene, escrita a 3 de julho de 1945: «Gosto de comparar o meu posicionamento face ao Partido ao de um pacífico passeante que, a meio da estrada perto da aldeia, encontra um grande cão a ladrar e que, para o manter à distância, sorrindo lhe vai dizendo "sim, és um bom e bonito cão" e até talvez em vez de falar lhe diga isto um pouco como a ladrar. O efeito desta medida será na maioria dos casos que o agressor se desinteresse dele e se ocupe com outro assunto» [30].

---

[30] Memorando de von Hoyningen-Huene, escrito na Suíça, a 3 de julho de 1945.

6.
Os segredos da legação da Alemanha em Lisboa — o ambiente de intriga permanente

Quando von Hoyningen-Huene chegou, a chancelaria da legação da Alemanha em Lisboa, na Rua do Sacramento à Lapa, número 58, contava apenas com dois elementos: o então primeiro secretário de legação, conde Du Moulin Eckart, casado, e um chanceler, H. Orlob. Ambos ali se conservaram por mais anos.

Pouco depois, e até finais de 1944, a legação começa a aumentar o número de colaboradores diplomáticos e, muito especialmente, de colaboradores militares. Vejamos três anuários diplomáticos da época.

O anuário diplomático de 1935:

O anuário diplomático de 1938:

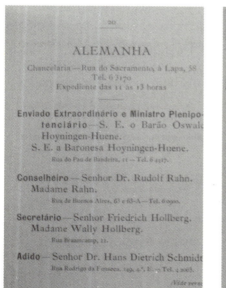

OS SEGREDOS DA LEGAÇÃO DA ALEMANHA EM LISBOA

O anuário diplomático de 1944:

ALEMANHA

Serviço diplomático e Chancelaria
Rua Pau de Bandeira, n.º 9 — Tels. 63170 e 63179

Adidos militares — Rua de S. Domingos, à Lapa, n.º 25
Tels. 63231 e 63672

Serviço de Imprensa — Rua Castilho, n.º 35
Tels. 43160 e 43169

Expediente das 11 às 13 horas

Enviado Extraordinário e Ministro Plenipotenciário — S. E. o Senhor Dr. Oswald Barão Hoyningen-Huene.
S. E. a Senhora Baronesa Hoyningen-Huene.

Rua Pau de Bandeira, n.º 11 — Tel. 65417.

Conselheiro — Senhor Dr. Hellmuth Dietmar.
Madame Dietmar.

Rua Rodrigo da Fonseca, n.º 76, 2.º, E. — Tel. 50766.

Conselheiro — Senhor Dr. Otto Eckert.

Rua António Enes, n.º 13, 1.º — Tel. 51106.

Conselheiro — Senhor Dr. Gustav Adolf Reicher.

Rua Castilho, n.º 59, 2.º, E. — Tel.

Conselheiro — Senhor Dr. Adolf Velhagen.

Travessa Moinho de Vento, n.º 6 — Tel. 62417.

Conselheiro — Senhor Ernst Ostermann von Roth.

Avenida Dr. Oliveira Salazar — Estoril.

Conselheiro — Senhor Friedrich Hollberg.
Madame Hollberg.

Rua Braamcamp, n.º 11, 1.º — Tel. 48986.

Secretário — Senhor Dr. Hubert von Breisky.
Madame von Breisky.

Avenida Emídio Navarro, n.º 70 — Cascais.
Tel. Cascais 75.

Secretário — Senhor Dr. Hubert Matthias.

Vivenda Pilar — Avenida Dr. António Martins — Estoril.
Tel. 327.

Adido Naval — Senhor Contra-Almirante Hermann Hans Henning.
Madame Henning.

Rua Timor — Casa do Alto — Tel. 268 — Estoril.

Adido Militar — Senhor Coronel Jordan Barão von Esebeck.
Madame Anaïs Baronesa von Esebeck.
Mademoiselle Marie-Luise Baronesa von Esebeck.
Mademoiselle Ruth Baronesa von Esebeck.
Mademoiselle Irene Baronesa von Esebeck.

Rua Padre António Vieira, n.º 5, 1.º

Adido Aeronáutico — Senhor Coronel Hans Hashagen.
Madame Hashagen.

Casa Três Arcos — Rua Timor — Tel. 656 — Estoril.

Adjunto do Adido Aeronáutico — Senhor Major Karl Spiess.
Madame Spiess.

Rua Rodrigo da Fonseca, n.º 158, r/c — Tel. 45427.

Adjunto do Adido Aeronáutico — Senhor Engenheiro Major de aviação Dr. Herbert Vollhardt.
Madame Vollhardt.

Madrid.

Adjunto do Adido Militar — Senhor Major Barão v. d. Lancken-Wakenitz von Albedyll.
Senhora Baronesa v. d. Lancken-Wakenitz von Albedyll.

Rua Marquês de Sá da Bandeira, n.º 124, 2.º

Adjunto do Adido Aeronáutico — Senhor Capitão Hans von Scheven.

Rua de S. Domingos, à Lapa, n.º 25.
Tels. 63232 e 63672.

DANÇA SOBRE O VULCÃO

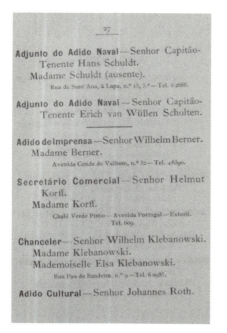

Verifica-se que, além do CMD (chefe de missão diplomática), já havia em 1938 mais oito diplomatas, dos quais quatro eram adidos militares; em 1940, havia mais 13 diplomatas, sete dos quais — é interessante notar — residiam em Madrid; e, em 1944, havia mais 25 diplomatas, dos quais nove eram adidos militares e já quase nenhum a residir em Madrid.

Se não esquecermos que, além de Lisboa, restavam apenas Basileia e Estocolmo, como janelas «neutrais» para a Europa envolvida em guerra e dividida em dois blocos, melhor compreenderemos como estes postos diplomáticos passaram a estar sob enorme pressão por parte da Abwehr — *intelligence* militar — e da Gestapo-SD (*Sicherheitsdienst*) — *intelligence* do partido.

Não encontrámos, entre os indivíduos acreditados junto das Necessidades, nem o famoso Erich Emil Schroeder, da Gestapo-SD, que atuou em Lisboa, nem qualquer das figuras proeminentes do chamado «grupo de opositores» a Hitler, ativos no AA (Ministério dos Negócios Estrangeiros alemão).

Verifica-se, no entanto, ter estado aqui acreditado como adido militar, de 1934 a 1937, o tenente-general Erich Kuehnenthal, que, embora residente em Paris, era possivelmente agente da Abwehr. Segundo algumas fontes, seria de origem judia e protegido de Canaris desde 1941 e teria sido responsável por uma rede de espionagem deste último em Madrid, sob a chefia de um tal Lentz — na realidade Leisner ([31]).

Também surge aqui acreditado junto da legação alemã, de 1941 a 1944, um coronel, barão von Esebeck, residente em Lisboa, que, embora o seu nome apareça com grafias diferentes (Esebech), poderia ter sido, face às muitas fontes consultadas, o chefe dos serviços secretos operacionais da Abwehr», Península Ibérica ([32]).

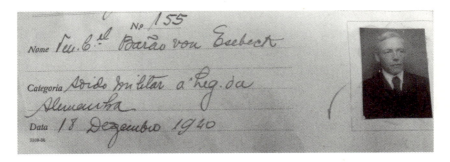

Ficha dos serviços do protocolo do Ministério dos Negócios Estrangeiros português.

Há obviamente mais suspeitas de outros membros da legação terem pertencido a serviços secretos alemães. Otto Eckert, que é acreditado aqui em 1942, além de se ocupar dos negócios do volfrâmio, informaria Erich Emil Schroeder, chefe da SD-Gestapo (*Sicherheitsdienst* — serviços de segurança) em Lisboa, sobre as questões económicas no país.

Von Hoyningen-Huene teve vários contactos com Schroeder.

([31]) Irene Flunser Pimentel, *Espiões em Portugal durante a Segunda Guerra Mundial*. Esfera dos Livros 2013.

([32]) *Idem*.

Os relatórios que este enviava para Berlim seguiam através da legação e depois de lidos — os que eram — por Hoyningen-Huene, como fora previamente estabelecido com o próprio Ribbentrop, que certamente queria ter conhecimento prévio dos mesmos [33].

Muitos dos nomes referidos em várias obras como agentes secretos alemães não se encontram, porém, acreditados como diplomatas nos serviços do Protocolo do Estado, do Palácio das Necessidades, do mesmo modo que não se encontra, em várias listas dos opositores mais declarados do AA, nenhum dos nomes da lista diplomática da legação alemã, em Lisboa.

Refira-se que quase todos os membros do corpo diplomático da legação, se não a totalidade dos mesmos, foram condecorados pelo governo português, uma vez que a todos os diplomatas acreditados em Lisboa, ou equiparados, se concederam condecorações, por ocasião das famosas comemorações dos Centenários de 1940. Note-se, porém, que von Hoyningen-Huene não foi condecorado nessa altura, pois havia sido agraciado, já em maio de 1937, com a Grã-Cruz da Ordem Militar de Cristo — certamente um elemento tido em consideração nos julgamentos de Nuremberga.

As Comemorações dos Centenários — 1140 e 1640 —, enquanto a Europa estava em guerra e a Espanha saía de um confronto civil, devem ter constituído um dos momentos mais impressionantes a que Hoyningen-Huene assistiu durante a sua missão em Portugal. A famosa Exposição do Mundo Português, o Cortejo Histórico, as inúmeras inaugurações dum Portugal moderno, entre as quais a primeira autoestrada e a estrada marginal — a que não faltou um toque de grandiosidade fascista, mas que impressionou Portugal e o mundo —, foram factos marcantes na vida de um diplomata.

Também o então ministro Albert Speer foi condecorado, a 7 de abril de 1942, com a Grã-Cruz da Ordem da Instrução Pública, como já fora em 1938, com a Comenda da Ordem de Cristo, o príncipe Du Moulin Eckart, ex-número dois da legação — e pensado como possível embaixador da futura República Federal.

---

[33] Ifz, zs. 0734.

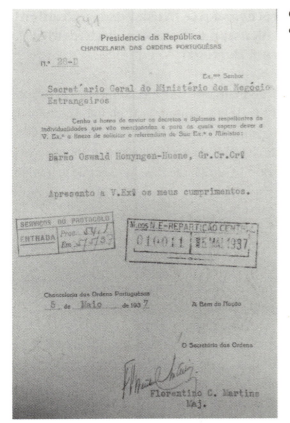

Comunicação do diploma da Ordem Militar de Cristo.

A generosidade na atribuição de condecorações aos alemães foi, naquela altura, considerável, a ponto de o nosso ministro em Berlim, Veiga Simões, arriscando ser mal interpretado, ter sugerido a redução de um grau em mais de um caso. A sua opinião foi sempre aceite, como no caso do responsável pela estação do Cabo Submarino dos Açores, um tal Berthold Otto Schroeder, que, de grande oficial, desceu para cavaleiro da Ordem de Cristo.

Em 1942, tanto Graf von Esebeck como o major von Arnim receberam, respetivamente, o Grande-Oficialato e a Comenda de Avis ([34]).

([34]) AHD, Armário 29, Maço 6.

6.1. As relações difíceis com a AO (Auslandsorganisation), a SD (Sicherheitsdienst) da Gestapo e os elementos da oposição a Hitler em Portugal

A AO foi criada a 1 de maio de 1931 e funcionava em muitos países com o objetivo de explicar à comunidade alemã os ideais da nova Alemanha e angariar membros para o partido. Em princípio, nada tinha que ver com os serviços de espionagem e arvorava como lema para os seus associados: «Cumpre as leis do país que te acolhe. A política interna desse país diz respeito aos seus súbditos; não te imiscuas nelas, nem por palavras.»

Hoyningen-Huene queixava-se muito do chefe regional do Partido (*Landesgruppenleiter*), um tal Lueppe, que, segundo ele, só pensava em modos de prejudicar as pessoas: «Esta Organização (Auslandsorganisation) era-nos muito nefasta. Usava meios de pressionar pessoas, nomeadamente pequenos comerciantes, fazendo delas "personagens influentes" na Organização. Eram os que usavam braçadeiras com emblema, camisas a condizer para se mostrarem.»

Não se exclui a possibilidade de espiões alemães fazerem parte da AO, até como cobertura. Segundo as declarações do que foi seu chefe em Inglaterra, um tal Bohle, a 25 de março de 1946, no Tribunal de Nuremberga, esta Organização manteve-se em funcionamento até ao fim da guerra na Suécia, na Suíça e em Portugal [35].

Das três embaixadas alemãs em países neutros era certamente a da Suíça que tinha um valor acrescido para a oposição do AA. Tratava-se da janela aberta para um vasto mundo antifascista, nomeadamente pela presença da Cruz Vermelha Internacional e do Conselho Mundial das Igrejas.

Por esse motivo, o grupo oposicionista do AA arranjou maneira de lá colocar um homem da sua confiança, Erich Kordt. Segundo Harold

---

[35] http://www.zeno.org/Geschichte/M/Der+N%C3%BCrnberger+Proze%C3%9F/Haupt…

Deutsch ([36]), a partir de certo momento da guerra, com as ocupações alemãs nos países do Norte e algum isolacionismo geográfico da Suíça, Lisboa passou a ter uma importância acrescida.

É interessante notar que, segundo a mesma fonte, quando Ribbentrop assumiu uma posição mais clara contra Kordt, Weizsaecker tê-lo-ia proposto como ministro em Lisboa. Ribbentrop não aceitou e enviou-o para um lugar mais longínquo e inofensivo, como Nanquim, na China.

No entanto, terá sido influenciada por Kordt a vinda de Botho von Wussov para Lisboa, a que nos referiremos noutro local.

O que é facto é que a AO em Lisboa, chefiada por um tal Graeser, imiscuía-se nos mais pequenos problemas, mesmo administrativos, da legação, a pretexto de significados políticos que lhes atribuía, tornando--se o ambiente em que se vivia na legação um intrincado mundo de intrigas permanentes. Parece claro o ódio que Hoyningen-Huene manifestou no Tribunal de Nuremberga contra esta *Auslands-Organisation* ou AO.

Vejamos, seguidamente, dois exemplos:

O aludido Sr. Graeser falou com o número dois da legação, o conde DuMoulin, queixando-se da secção consular, em termos enérgicos, e afirmando que a AO não tinha qualquer confiança nela, o que tornava impossível o «trabalho de colaboração entre o Partido e a legação».

Hoyningen-Huene, por carta de 22 de abril de 1936, dirige-se ao Sr. Graeser relatando o que o seu adjunto lhe dissera e afirmando querer explicações sobre o que pensa serem problemas baseados em equívocos que deverão ser eliminados. Acrescenta: «fui nomeado pelo Führer para cumprir as suas orientações e enquanto tiver a sua confiança neste posto, cumpri-las-ei.» Assim, solicitava conhecer «os factos que fundamentaram as desconfianças que nutre contra o gerente da secção consular ou qualquer dos seus colaboradores».

A sua posição face ao esbirro da AO parece clara e não evidenciando qualquer submissão.

([36]) In «The Conspiracy Against Hitler in the Twilight», The University of Minnesota Press, 1968.

Não obstante este facto, o Sr. Graeser, em papel timbrado, com a suástica e a indicação «Partido Nacional Socialista Operário Alemão, Organização do Estrangeiro (AO), Grupo Nacional Portugal, Grupo Local de Lisboa», com data de 27 do mesmo mês, envia-lhe um relatório de 9 páginas cheio de doutrina e acusações ([37]).

Começa por fazer doutrina sobre o discurso do Führer, no Congresso do Partido em Nuremberga, em 1934, relativamente à unidade do partido e do Estado e acrescenta, num estilo admoestador, que espera que o ministro compreenda que ele, como alto dignitário responsável, deve imediatamente tomar medidas contra quem infringir este princípio. Segue exemplificando o que acusa de «imprudência, descuido e falta de sentimento do dever» por parte da secção consular da legação, em oito casos concretos:

1 — Na receção da Festa de Agradecimento da Colheita Agrícola (*Erntedankfest*), hoje inexistente, apareceu na legação, para escândalo de muitos dos nossos camaradas, uma rapariga alemã (não refere o nome) de costumes depravados, acompanhada do seu «amigo» português. Soube-se que adquiriu o convite na tal secção consular.

2 — Também ali esteve um checo, o Dr. Loew, cuja ascendência ariana é de desconfiar e que, no caso Gerlach, teve um comportamento odioso. Também este obteve o convite «no Consulado».

3 — O cônsul Hollberg, contra as várias indicações dadas por ele, Graeser, e as que vieram da Alemanha, contratou uma tal Sra. Menner como funcionária, apesar de não ter nacionalidade alemã e viver maritalmente com um português — «Contra a vontade dele ainda sugeriu uma Fräulein Pogge que eu também desaconselhei». Mas o Cônsul Hollberg, acusa, quis pô-lo perante um facto consumado.

4 — Contrariamente às suas instruções ao cônsul, um judeu em particular, um Dr. Hentschel, obteve o que pretendia. Graeser fornece uma quantidade de pormenores sobre o caso e termina esta acusação com a seguinte frase: «Não admira pois que entre os emigrantes

---

([37]) AA Arquivo Político, Espólio de v. HH, fls. 176 a 185.

judeus se diga que são tratados correctamente no Consulado e que até se pode falar livremente, pois os senhores ali não são da situação» e ainda acrescenta que o cônsul Hollberg lhe afirmou «que os judeus alemães eram tratados no Consulado como qualquer outro alemão».

5 — Um indivíduo que fora expulso da Associação Alemã foi auxiliado pelo cônsul Hollberg, através de um motorista.

6 — O cônsul contribuiu com a quantia de 9000 escudos, segundo uma informação da Irmandade de São Bartolomeu, para pagamento de rendas em atraso de um empregado de nome Meier, casado com uma judia total (*Volljüdin*), contrariamente às disposições em vigor quanto ao auxílio monetário, no estrangeiro, a qualquer judeu.

7 — O cônsul Hollberg, que é — sublinha o relatório — filiado no Partido Nazi, foi devidamente informado contra a família Porst e Mouthe. Não obstante esse facto, na festa a bordo do navio *S. Louis*, viu-se a aludida Sra. Porst sentada no centro da segunda fila, junto ao cônsul!

Graeser conclui que considera este um «problema do partido» (*Parteiangelegenheit*) e que irá encontrar os meios necessários para lidar com o caso.

8 — Aquando da visita do navio *Oceana*, foram chamados ao salão von Hoyningen-Huene, como representante oficial do III Reich, assim como Claussen, na qualidade de chefe do Grupo Portugal (*Landesgruppe*), e ele próprio, como chefe do Grupo Local de Lisboa. Mas, na mesa da reunião, para além de uma cadeira livre junto do cônsul, todas já estavam ocupadas, de modo que, para não se tornar motivo de risota entre o resto das pessoas, Graeser retirou-se. Com efeito — continua Graeser no relatório —, já estavam presentes o ministro e o Conde Moulin, e caberia ao cônsul, que lá nada tinha a fazer, ceder-lhe o lugar.

Face a estes factos que já havia relatado ao conde Moulin, não devem restar dúvidas ao ministro sobre o fundamento das suas acusações, conclui.

Adianta ainda, em guisa de ameaça: «Se o Sr. ministro quiser uma vez usar a sua autoridade e duma forma enérgica e sem respeito face aos seus colaboradores e se mesmo assim nada resultar, ainda há outros meios e caminhos que embora duros será obrigado a usar. [...] Fiz isto no seu interesse, mas devo dizer, para minha tristeza, que sempre encontrei da sua parte uma grande susceptibilidade...»

Este exemplo é extremamente elucidativo das relações entre a legação, e particularmente o seu chefe e os órgãos partidários, bem como da desconfiança latente face a von Hoyningen-Huene, que veio a concretizar-se em 1944, e ainda da existência impossível que ele e a sua equipa devem ter vivido durante aqueles anos em Lisboa.

Mas outro episódio, talvez o mais picaresco e já não em tempos anteriores ao deflagrar da guerra, merece ser mencionado, pois julgamos que se poderia integrar no mais mesquinho e baixo nível de muitas das atividades «pidescas» de perseguição interna na legação.

O Gauleiter, Julius Claussen, já referido, faleceu em Lisboa, em 1940. Durante as cerimónias fúnebres organizadas pela legação — aquele figurava desde 1937 na lista do corpo diplomático, na qualidade de adido comercial, embora também fosse chefe do Grupo Portugal do NSDAP (Partido Nazi) —, na igreja evangélica alemã em Palhavã, perante o pastor Thomas — que ainda conhecemos pessoalmente —, ocorreu um acontecimento que mereceu um reparo oficial vindo de Berlim e assinado pelo chefe de toda a AO.

Von Hoyningen-Huene achou por bem colocar sobre o caixão as duas bandeiras — a da Alemanha e a suástica. Ora, não só por isso é repreendido, dado que só deveria ter colocado a bandeira nazi, como se discutiu qual das duas tinha maior visibilidade durante a cerimónia.

A este espetáculo — refira-se — assistiu um representante do governo português, não identificado na documentação consultada ([38]) [cf. anexo n.º 1].

Mas vem aqui a propósito mencionar que, quando em 1935 Hoyningen-Huene falou na cerimónia da inauguração da aludida igreja

---

([38]) AA Arquivo Político, Espólio de v. HH, fls. 241 a 244.

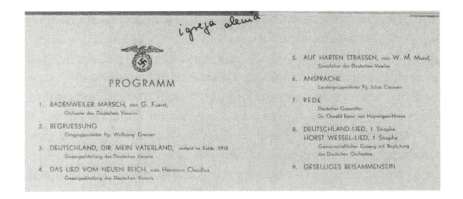

Programa das cerimónias do funeral do «Gauleiter» Claussen, em 1940, que provocou a polémica da colocação das bandeiras sobre o caixão.

evangélica, todo o cerimonial e as músicas ouvidas na cerimónia estavam imbuídas do espírito do partido. Quase nada se podia organizar que não estivesse enquadrado no nacional-socialismo. Veja-se a este propósito o programa da aludida inauguração.

Para avaliarmos as fraturas internas no edifício nazi e correspondentes fragilidades, parece particularmente relevante o que lemos num ofício, classificado como «pessoal e entregue em mão», dirigido a von Hoyningen-Huene, datado de 4 de novembro de 1941 e assinado pelo subsecretário dos Negócios Estrangeiros, Luther, que comenta um ofício do chefe máximo da AO, Bohle, nomeadamente as seguintes frases: «Nunca deveremos, em qualquer circunstância, [...] deixar tirar das nossas mãos a nossa competência», na fórmula idiomática utilizada em alemão (*Wir dürfen uns auf keinen Fall in dieser Hinsicht von der AO das Heft aus der Hand nehmen lassen*). E termina o aludido ofício desta forma: «assim, conseguiremos que a AO se retire definitivamente da actividade propagandista no exterior e que esta fique exclusivamente sob a nossa orientação, em coordenação com o Ministério da Propaganda» ([39]).

([39]) AA Arquivo Político, Espólio de v. HH. fls. 267 e 268.

6.2. Os conflitos com os adidos militares e a Guerra Civil em Espanha

Os problemas do ministro alemão não são somente com os agentes dos serviços do partido, em Lisboa. No interior da própria legação, as relações com alguns dos adidos militares agravam-se, surdamente durante o ano de 1941 e abertamente a partir do final desse ano, atingindo o seu auge durante 1942.

Em dezembro de 1941, von Hoyningen-Huene é confrontado com um ofício «secreto» do AA, em que Weizsaeker o informa de que o adido naval e mais tarde o adido aeronáutico, «*Generalmajor*» Kramer, são de opinião de que deveria haver uma maior cooperação na legação entre eles e o ministro e acrescenta que haveria todo o interesse em que von Hoyningen-Huene se deslocasse a Berlim, o que «permitiria que pessoalmente tratássemos deste assunto» ([40]) [cf. anexo n.º 2].

Afigura-se importante destacar, no contexto que se segue, ter sido von Hoyningen-Huene a ser encarregado, em 1936, de informar oficialmente o embaixador Nicolau Franco em Lisboa de que o governo de Franco fora oficialmente reconhecido pelo III Reich e pela Itália. Deste episódio foi dada larga notícia no jornal *O Século*.

Logo no início de janeiro de 1942, von Hoyningen-Huene escreve, em papel não timbrado, a um seu amigo Siegfried, relatando os problemas que tem tido com Kramer, homem que veio de Madrid, detesta Portugal e, como tal, «só vê aspectos negativos» e referindo os seus desentendimentos quanto à leitura que fazem da imprensa portuguesa. Kramer acha-a totalmente pró-britânica e critica a inação do ministro, enquanto este sublinha que a imprensa portuguesa é frequentemente pró-britânica como meio de compensar as vantagens que Portugal vai concedendo à Alemanha. Pergunta, expressamente a título pessoal, se Siegfried entende tratar-se de um assunto muito sério, pois espera

---

([40]) AA Arquivo Político, Espólio de v. HH, Pol I (Att.) 12179 g Ang. II de 29.12.1941, fls. 942.

resolver o assunto pessoalmente e está convencido de que Krahmer não vai utilizar aquelas afirmações contra a legação.

Siegried responde-lhe imediatamente, em carta particular, relatando a conversa de Weizsaeker com Krahmer em que aquele sublinhou que a Alemanha não estava insatisfeita com a atitude de Portugal, mas afirma que von Hoyningen-Huene irá, em breve, ser chamado a Berlim.

Em suma, o assunto está longe de ser passageiro [41].

Com efeito, em fevereiro de 1942, Krahmer envia a Berlim vários relatórios «secretos», do adido militar aeronáutico, com pelo menos nove anexos, com fortes acusações a von Hoyningen-Huene e desmentindo as suas análises e avaliações quanto às relações entre as forças armadas portuguesas e as espanholas durante a Guerra Civil, assim como quanto à «fidelidade» de algumas das Forças Armadas a Salazar.

Estes relatórios eram enviados em quatro exemplares para o Ministério do Ar *(Reichsluftministerium)*, seguindo um para o Ministério dos Estrangeiros (AA).

No que respeita às relações entre Portugal e Espanha, o adido aeronáutico põe em causa as afirmações de um relatório da legação, de 10 de janeiro de 1942, em que von Hoyningen-Huene defende que a melhoria visível das relações entre ambas as forças armadas contribuiu decisivamente para a melhoria das relações bilaterais, tornando mais fácil o desanuviar de certas questões pendentes.

No seu relatório 48, Krahmer contesta, dizendo designadamente que, quando estava em Espanha, ouvia declaradamente altos oficiais espanhóis, mesmo aqueles próximos de Franco, referirem uma provável invasão de Portugal, e que em Portugal também não verificava qualquer boa vontade por parte dos militares face a Espanha. «Uma grande parte dos oficiais da aviação portuguesa é pró-britânica e, como tal, anti-espanhola» — escreve.

Tece uma larga argumentação como fundamento da sua tese. Acrescenta que as forças armadas portuguesas sofrem de um complexo de inferioridade face ao exército espanhol.

---

[41] *Idem*, fls. 947 e 948.

Quanto às relações das forças armadas com Salazar, Krahmer afirma claramente:

> Como referi várias vezes as Forças Armadas não estão unidas a favor de Salazar. Entre os oficiais há muitos, e especialmente os mais velhos, que nomeadamente com o corte de salários, estão claramente descontentes. Nas Ilhas, a propaganda britânica é muito forte. O Regime tem disso conhecimento e aumentou ali o aparelho de censura. **Contrariamente à opinião do Ministro** [destaque nosso], os mais jovens são mais pró-Salazar, mas os mais velhos reconheceriam logo qualquer outro Governo que se preocupasse mais com os interesses das Forças Armadas. A Polícia e, entre ela, a Guarda Nacional Republicana são na sua maioria fiéis a Salazar... Como soldado considero que as Forças Armadas portuguesas não são confiáveis no sentido de se baterem por Salazar, somente a Polícia, com a qual Salazar controla o país, que não o ama, somente o teme, e algumas personalidades isoladas podem ser consideradas de confiança.

Esta guerra intestina prolongou-se. A 15 de fevereiro, Krahmer envia novo relatório «secreto» aos mesmos destinatários, no qual se queixa de que von Hoyningen-Huene recusou receber os adidos militares para combinarem que todos os relatórios dele para Berlim sobre assuntos militares lhes fossem previamente apresentados, adiantando que podiam enviar os seus próprios relatórios independentemente.

O adido militar von Esebeck ripostou por escrito ao ministro.

Ao regressar da chamada em serviço a Berlim, von Hoyningen-Huene dirige-se ao AA, num curto ofício «secreto», afirmando que o relatório do adido aeronáutico Krahmer foi elaborado na sua ausência e censurando o tom nele usado, particularmente no último parágrafo.

A guerra no interior da legação ainda em março estava bem acesa, quando Krahmer envia novo ofício curto para as mesmas entidades afirmando que deixaram de decorrer as reuniões semanais entre os adidos militares e o ministro.

A partir de 1943, deixaram a legação o adido naval, Eberhard Heinichen, e o aeronáutico, Krahmer, que foram substituídos, respetivamente, pelo contra-almirante Hans Henning e pelo general Karl Kettembeil. Manteve-se von Esebeck ([42]).

([42]) *Idem*, fls. 949 a 951; 956, 961e 962 e AHD do MNE.

7.

Outros problemas diplomáticos que enfrentou

7.1. A questão do volfrâmio

Foram inúmeras as questões e problemas graves que Hoyningen-Huene teve de enfrentar na sua atividade diplomática, antes e durante a guerra, num país que se viria a proclamar neutro.

Como ele próprio refere no seu memorando de 1945, dois desses maiores problemas foram o volfrâmio e os Açores.

Se a questão judaica não constituía em Lisboa um dos principais problemas diplomáticos, já a questão da venda do volfrâmio à Alemanha era uma a questão crucial.

Por um lado, o volfrâmio era essencial para a máquina de guerra alemã; por outro, Portugal era o seu maior produtor na Europa, e a Alemanha deixara de o importar da China.

Por outro lado, a situação de neutralidade de Portugal suscitava seriíssimos conflitos com os aliados neste contexto, dado que não se podia isolar este problema do decorrente da Aliança Inglesa e da questão dos Açores.

Salazar via-se obviamente numa posição negocial muito delicada, e von Hoyningen-Huene, amigo de Salazar, mas fortemente pressionado por Berlim, procurava gerir o melhor possível esta crise.

Não vamos fazer aqui a história dos problemas do volfrâmio, largamente tratada por conhecidos historiadores, mas não podemos

DANÇA SOBRE O VULCÃO

deixar de a referir, particularmente sob o ponto de vista da legação da Alemanha em Lisboa e do seu ministro.

Não deixou de causar alguma perplexidade a não existência de abundante documentação no espólio de Hoyningen-Huene nos Arquivos Políticos do AA em Berlim. Permitimo-nos admitir que muitos, dentro da legação e fora dela, se ocupavam dos problemas ligados às vendas no quadro dos múltiplos acordos — ou semiacordos— sobre o volfrâmio, cuja validade era sempre curta, assim como ao volumoso tráfego negro de volfrâmio, extremamente difícil de controlar. Só para citar alguns, os próprios Dietmar e Eckert, da legação alemã, o perito Eltze, o Sabath e o próprio Wussow, numa das suas qualidades — a oficial—, ocupavam-se deste tema.

Não devemos esquecer que muitas das minas de volfrâmio se encontravam em mãos estrangeiras, designadamente com proprietários alemães e mesmo norte-americanos.

Falamos em linguagem informal de acordos de venda, mas na realidade tratava-se de «acordos de compensação e *clearing* da troca de volfrâmio por carvão, sardinhas, material de guerra, etc., etc.», como consta de documentos que podem ser encontrados na DGARC (ANTT), na correspondência de Salazar. Estes acordos sobre o comércio com a Alemanha são bem antigos — alguns assinados em 1937 pelo conde de Tovar, em Berlim.

A Grã-Bretanha autorizava que Portugal continuasse o seu comércio externo com a Alemanha. No entanto, a partir de 1941 e até quase ao fim do conflito, sucedem-se as reuniões, ora em Berlim ora em Portugal, dada a complexidade resultante da subida rápida do preço do volfrâmio, das compensações alemãs na compra de bens portugueses, bem como na própria transferência de ouro do Banco Central alemão para o Banco de Portugal.

É claramente dito num documento assinado por Graupner — *Reichsbankrat*— que os pagamentos através de ouro ao Banco de Portugal, desde 1942, deveriam ter atingido 30 a 40 milhões de Reichsmark [43].

---

[43] Pág 333, António Louçã, *Portugal visto pelos nazis*, Fim de Século, 2005.

OUTROS PROBLEMAS DIPLOMÁTICOS QUE ENFRENTOU

A situação tornou-se insustentável a partir de 1944, quando os aliados impuseram o embargo à venda de volfrâmio de Portugal à Alemanha. As pressões levaram, segundo Filipe Ribeiro de Menezes, a tentar que Carmona demitisse o seu primeiro-ministro.

Já desde 1940 que von Hoyningen-Huene procurava abrandar os ímpetos dos aliados, como quando mandou dizer para Berlim «que a própria Inglaterra tem todo o interesse em não pôr desnecessariamente em risco a sua posição em Portugal» [44].

Segundo comunica a Berlim logo em novembro de 1940, a importância de Lisboa no sector da *intelligence* é essencial para os aliados: os agentes britânicos que vão para os Estados Unidos ou para a Europa Central continuarão a passar por Lisboa, e só esse facto é suficientemente importante para os ingleses pouparem Portugal.

Num acordo cuja negociação com Salazar durou várias horas, Hoyningen-Huene conseguiu, em janeiro de 1942, uma base de compromisso de 2800 toneladas por ano com recompensas alemãs. Em setembro do mesmo ano, um documento alemão refere que Portugal havia «comprado e entregue» 471,5 toneladas [45].

Mas a situação com os ingleses vai-se deteriorando, e Hoyningen--Huene informa Berlim, a 28 de abril de 1944, de que estivera na véspera com o enviado Eisenlohr, o qual lhes disse pensar que «as potências inimigas pretendem esvaziar completamente a noção de neutralidade» [sic].

Salazar, de acordo com o seu diário, apenas a 29 de maio teria aceitado finalmente o embargo ao embaixador Campbell, mas só quando todos os aspectos comerciais do Acordo dos Açores tivessem sido tratados, segundo as próprias palavras de Filipe Ribeiro de Menezes [46].

---

[44] Doc. n.º 19, de António Louçã, *Portugal visto pelos nazis*, Fim de Século, 2005.
[45] Doc. n.º 111, *idem*.
[46] Salazar, obra já citada de Filipe Ribeiro de Menezes, D. Quixote, 2010.

7.2. O problema dos judeus — a questão de Moisés Bensabat Amzalak e do «misterioso» Jakobi

A avaliar pela atitude do Tribunal de Nuremberga relativamente a von Hoyningen-Huene e tendo em consideração algumas das suas atitudes durante a sua estada oficial em Lisboa como representante oficial do III Reich, parece poder concluir-se que Hoyningen-Huene estava, quanto à questão do antissemitismo, bem mais à-vontade do que o «considerado» líder do *Freundeskreis,* Weizsaeker, secretário de Estado do AA.

Não esqueçamos que este, apesar da sua defesa no Tribunal de Nuremberga, baseada em «evitar o pior», foi condenado a cinco anos de prisão, certamente pela sua «participação» ativa ou passiva na deportação de grande número de judeus franceses.

De resto, a opinião de Hoyningen-Huene sobre Weizsaeker é elucidativa: «Tinha contra ele uma coisa, ele nunca fez nada nem a favor nem contra. Dali, não saía nada... Eu era contra ele [Weizsaeker], para mim ele não passava de um "oficial" do regime que foi feito secretário de Estado. A sua desculpa era "estou aqui para evitar o pior"» ([47]).

E, para se contrapor a Weizsaecker e esclarecer a maneira como ele próprio encarava a sua função diplomática de representante do Reich, Hoyningen-Huene escreveu: «Eu falava durante horas com Salazar e ríamos e procurava trazê-lo mais para o nosso lado e ele dizia: "o que Huene diz é sincero".»

7.2.1. *O caso Amzalak*

O professor Moisés Bensabat Amzalak foi durante o Estado Novo uma personalidade de grande relevo na sociedade portuguesa, como economista e como diretor do então Instituto de Ciências Económicas e Financeiras, mas não menos por ser considerado um amigo incondicional de Salazar.

([47]) Ifz, zs — 0734.

OUTROS PROBLEMAS DIPLOMÁTICOS QUE ENFRENTOU

Por outro lado, foi durante cerca de 50 anos presidente da Comunidade Judaica de Lisboa.

Politicamente, mostrou-se um homem de extrema-direita, antidemocrático e antiliberal — um fascista no estilo de Salazar, defensor do seu regime ditatorial, mas não, obviamente, antissemita.

A sua influência junto de Salazar parece inegável, e muitos historiadores a referem, no quadro da abertura do nosso país à comunidade judaica internacional que fugia à feroz perseguição nazi por toda a Europa — não obstante algumas fraquezas ou dúvidas que outros historiadores levantam.

Não vamos aqui fazer o relato do seu estranho percurso de vida — hoje estudado e conhecido, particularmente através de António Louçã e Isabelle Paccaud, entre outros, vamos antes ocupar-nos do lado alemão, melhor dito, da simpatia e amizade que Hoyningen--Huene lhe consagrava.

Ao enquadrar esta figura e as suas estranhas relações com Hoyningen-Huene, não podemos deixar de ter em consideração que são apenas de setembro de 1935 as famosas três Leis de Nuremberga, entre as quais a «Lei do Reich para a proteção do sangue alemão e da honra alemã» — (*Reichsgesetz zum Schutze des deutschen Blutes und der deutschen Ehre*). Mas já no famoso programa do partido de 1920, entre os 25 pontos que dele constavam, era claramente expresso no ponto 4 que tudo na nova Alemanha se basearia na cidadania alemã e que os judeus estavam excluídos dessa mesma cidadania.

Em julho de 1935, Hoyningen-Huene oferece um banquete para mais de 20 personalidades, por ocasião da visita de um Professor Hans Blunk, presidente da Academia das Ciências de Berlim, e senta Moisés Amzalak, como convidado de honra, à direita de sua mulher, Gudrun von Hoyningen-Huene, como já acontecera em março do mesmo ano, pela inauguração da Sala de Leitura Alemã do Instituto Superior de Ciências Económicas e Financeiras.

É assim que encontramos o eminente judeu, fotografado ao lado do ministro do III Reich, numa página de *O Século*, de 27 de novembro de 1936. O jornal, sob o título «Cooperação Científica Luso-Italiana

— O Professor Alessandro Pavolini falou ontem no Instituto de Ciências Económicas e Financeiras, exaltando o cooperativismo e condenando as fórmulas demoliberais e comunistas», relatava a sessão inaugural de uma série de conferências, na qual discursou aquela figura de destaque do fascismo italiano, a qual comparou as virtudes do mesmo com a nova ordem portuguesa.

Mas vamos encontrar Moisés Amzalak mais vezes junto do seu amigo Hoyningen-Huene, nomeadamente em jantares na própria legação alemã, já depois de as leis antissemitas terem sido promulgadas na Alemanha, como foi o caso de um banquete em honra do Dr. Beckerater, onde ele se encontra assim com o Professor Bissaya Barreto.

Quando vem a Portugal o Dr. Predoehl, em maio de 1937, presidindo à mesa no Instituto de Estudos Económicos e Financeiros, estava Hoyningen-Huene atrás de uma fila de jovens fardados da Mocidade Portuguesa, e foi também o Professor Moisés Amzalak quem apresentou o conferencista.

Banquete na legação da Alemanha em honra do Dr. Beckerater, onde se vê o Professor Bissaya Barreto e o Professor Moisés Amzalak.

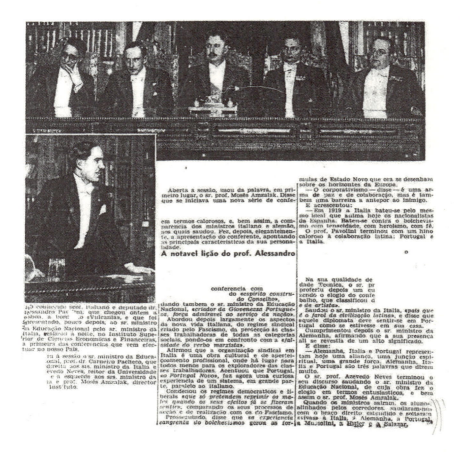

Mas talvez nada mostre mais que o antissemitismo não constituía uma vertente da personalidade do diplomata alemão do que o facto de ter proposto ao seu governo, pelo ofício J.Nr.385/35, de 19 de fevereiro de 1935, a condecoração, com a Ordem de Mérito de 1.ª classe da Cruz Vermelha Alemã, de Moisés Amzalak e do reitor, o Professor Azevedo Neves. Não deixou de referir que aquele era judeu, mas que se tinha distinguido pelo empenho nas boas relações luso-alemãs, tanto no âmbito do instituto como enquanto coproprietário do jornal *O Século*, que, como sabemos, se distinguia por elogios declarados a Hitler [48].

---

[48] Apud António Louçã e Isabelle Paccaud, livro citado, Arquivo do AA, Band 355/6.

Na realidade, a proposta da condecoração tem lugar no dia seguinte à publicação, pelo jornal *O Século*, de um «Número Especial dedicado à Alemanha», que, para além de uma fotografia de Hitler por ocasião da anexação do Sarre e do emblema da Águia e da cruz suástica, insere, em alemão e em português, uma mensagem de von Hoyningen-Huene.

Se a mensagem de von Hoyningen-Huene mostra grande habilidade diplomática, ao procurar apresentar Hitler como protagonista da paz entre os povos, já mais estranho parece que um jornal, de que é acionista Moisés Amzalak, publique aquele número especial.

Transcreve-se a mensagem de von Hoyningen-Huene:

> Os graves acontecimentos dos últimos tempos levaram os povos a organizar a sua vida colectiva em moldes especiais, cada povo por meio de processos próprios e a estabelecer novos princípios sobre bases bastante originais num esforço sobre-humano. Em Portugal, nós somos testemunhas do extraordinário desenvolvimento realizado nos últimos anos e que conduz este país a um novo período áureo da sua História. Na Alemanha, Adolfo Hitler conseguiu unir o povo alemão e imprimiu-lhe normas de vida completamente modernas.
>
> Enquanto os Estados, no seculo XIX, se isolavam com receio e desconfiança uns dos outros, o sentimento nacional desperta a sua consciência para uma estima pacífica e amigável entre os diversos povos. Adolfo Hitler exprimiu este princípio fundamental nas palavras seguintes:
>
>> A própria consciência nacional não nos leva a um desprezo ou menos consideração pelos outros povos, mas sim a reconhecer a missão que se impõe de defesa da vida do próprio povo. Ela leva-nos forçosamente ao respeito natural pela vida e maneira de ser dos outros povos e liberta, como consequência, os actores da política externa de qualquer pretensão a submeter outras nacionalidades. Esta concepção moderna obriga-nos a uma paixão enorme e fanática pela vida e, como consequência, pela honra e liberdade do nosso povo, assim como à consideração pela honra e liberdade dos outros povos.

OUTROS PROBLEMAS DIPLOMÁTICOS QUE ENFRENTOU

FOTO 2 – Primeira página da separata de O *Século*, 18.02.1935.

Sob esta orientação, o conhecimento mútuo dos povos torna-se uma necessidade indispensável dos tempos modernos. Foi, pois, com o maior entusiasmo que eu tomei conhecimento da iniciativa da redacção de «O Século» de publicar um número especial sobre a nova Alemanha contribuindo, assim, para aprofundar a compreensão da situação da minha Pátria junto dum povo, cujos esforços extraordinários sob a chefia do seu venerando *Presidente da República e o génio do seu ilustre Presidente do Conselho, são* acompanhados com admiração na Alemanha.

Barão Hoyningen-Huene
ministro plenipotenciário da Alemanha em Lisboa

Não parecerá insólito apenas que Amzalak tenha aceitado a aludida condecoração, mas também o facto de vir a pedir mais tarde a respetiva miniatura, que lhe é concedida e enviada, como demonstra documentalmente António Louçã.

7.2.2. *O caso Jakobi ou Jakoby*

Trata-se, como decorre das audições do Tribunal de Nuremberga, de um judeu de nome Jacobi — segundo a estenógrafa das audições — que Hoyningen-Huene ajudou, na sua passagem por Portugal, a seguir viagem para os Estados Unidos da América.

Infelizmente, sem conhecimento do primeiro nome ou de datas, não conseguimos, em diversos arquivos portugueses, americanos e alemães, identificar o aludido Sr. Jakoby.

Encontram-se referências a um tal Jakoby, advogado em Nova Iorque, que teria estudado em Berlim e fugido da Alemanha nazi e que, depois de instalado naquela cidade foi promotor de um grupo para ajuda de refugiados judeus vindos da Alemanha ou de países ocupados. Não nos foi, porém, possível confirmar historicamente se se tratava da mesma pessoa.

Retomemos, assim, o texto «Interrogatório do Barão von Hoyningen--Huene, aos 11 de agosto de 1947, feito pelo Dr.R.M.W. Kempner, na presença de Miss Jane Lester. Estenógrafa Ilse Kerl» (IfZ, ZS-734-1, 1948/56):

OUTROS PROBLEMAS DIPLOMÁTICOS QUE ENFRENTOU

P — Você tinha relações com judeus. Você ajudou o Senhor Jakoby.

R — Era meu amigo

P — Certo. Ele nunca lhe disse uma única palavra sobre os aspectos negativos.

R — Não me quis molestar.

P — Nessa ocasião governava Adolfo Hitler e era do seu conhecimento que J. não ia para a América para se divertir.

R — Ele só me referiu em poucas palavras o que respeitava a dinheiro, etc. Ele era muito reservado.

P — Está bem. Este foi o seu pior exemplo? Porquê? O que é que sabe sobre Jakob?

R — Sobre o Senhor Jakob nada sei.

P — Assim também podiam ter saído alemães.

R — Quando o ministro alemão recebia uma Lista, eu dava um parecer positivo ou negativo. Quis sempre manter a minha vida limpa.

Este texto merece alguns reparos. O alemão é pouco claro, o nome da personagem em questão tanto é escrito com a grafia Jakoby, como Jakob ou somente J. Admitimos que estas imprecisões se devam parcialmente à estenógrafa.

Dadas estas circunstâncias, optamos por transcrever o próprio texto em língua alemã:

Fr. — Sie hatten juedische Bekannte. Sie haben Herrn Jakoby geholfen.

A. — Er war mein Freund.

Fr. — Ja. Er hat nicht ein einziges Wort ueber das Negative gesagt.

A. — Er will mich nicht belasten.

Fr. — Damals regierte Adolfo Hitler und es war Ihnen doch klar, Dass J. nicht zum Spass nach Amerika ging. [sic]

A. — Er schilderte mir nur kurz, was er fuer Geld usw... Er war sehr zurueckhaltend.

Fr. — Da konnten Deutsche genau so rennen.

A. — Wenn der deutsche Gesandte eine Liste bekam, sagte ich Ja oder Nein. Ich wollte mein Leben sauber halten.

7.3. A passagem por Lisboa de Dirk de Geer, o primeiro-ministro banido da Holanda

Dirk Jan de Geer foi um político conservador holandês. Era descendente de uma família nobre, tendo esta ficado conhecida, entre outras coisas, por ter sido pintada por Rembrandt.

Dirk de Geer nasceu em 1870 e teve uma longa carreira política. Além de ter sido jornalista, foi deputado, ministro das Finanças, ministro do Interior e chegou a ser primeiro-ministro, uma primeira vez, entre 1926 e 1929.

Era um homem com uma forte influência cultural alemã, sendo a sua sogra desta nacionalidade.

Voltou a ser primeiro-ministro em 1939, nas vésperas da invasão alemã do seu país.

Foi um homem que, talvez dada a sua formação cultural germânica, bem como as suas relações familiares ligadas à Alemanha e o facto de ser um pacifista convicto e convencido de que o seu país não poderia resistir a uma invasão alemã, propôs, a 12 de maio de 1940, a capitulação da Holanda face ao III Reich.

Esta sua atitude provocou forte reação negativa em vários meios políticos, designadamente, junto da rainha.

A Holanda veio a capitular a 14 de maio, depois de um forte bombardeamento a Roterdão, que Dirk de Geer não conseguiu evitar. A rainha Guilhermina foge para Londres a 13, e o governo segue-a algumas horas depois.

Em Londres, ainda procurou com os britânicos uma mediação com a Alemanha, sem qualquer êxito, tendo a França sucumbido em junho de 1940. Esta tentativa de mediação foi severamente criticada pela própria rainha Guilhermina, tendo ele e o seu gabinete sido demitidos, a 3 de setembro do mesmo ano.

OUTROS PROBLEMAS DIPLOMÁTICOS QUE ENFRENTOU

Dirk de Geer, demitido de primeiro-ministro, vilipendiado por muitos, que o consideravam um colaboracionista, dada a sua passividade e tentativas de diálogo com o inimigo, deixa a sua mulher na Holanda e parte para Portugal a 5 de novembro de 1940, de onde deveria seguir — contra vontade — numa missão para as Índias Orientais, então sob domínio holandês.

Hoje, segundo a opinião que colhi, é, na Holanda, considerado mais um pacifista a quem faltou visão política do que um colaboracionista do III Reich.

Passadas duas semanas em Portugal, instalado no Hotel Paris, no Estoril, resolve contactar o ministro alemão em Lisboa, von Hoyningen-Huene, para estudar a possibilidade de obter um visto para regressar à Holanda, onde se encontrava a sua mulher, abdicando de toda e qualquer atividade política.

Von Hoyningen-Huene, segundo as informações que colhemos, concedeu-lhe um tratamento privilegiado e procurou ajudá-lo, aconselhando-o a escrever um memorando em alemão, que a legação encaminharia para Berlim, onde descreveria as suas relações familiares, a sua admiração pela cultura alemã, a sua ida para Londres como dever político inerente à sua condição e afirmaria que o seu desejo era a restauração da independência do seu país, no quadro de uma nova Europa. Com estes argumentos, pedia um visto para regressar para junto da mulher, na Holanda, e, uma vez no seu país, se abster de toda e qualquer atividade política.

Certamente contaram na decisão de Berlim os comentários de von Hoyningen-Huene. A 20 de janeiro de 1941, recebe uma resposta positiva de Berlim.

Esta autorização, porém, põe como condição prévia que vá a Berlim, onde se comprometerá solenemente a não ter qualquer interferência na política.

Pouco depois de chegar a Berlim e de fazer o que estava previsto, segue de comboio para a Holanda, na companhia de um tal Mohr, que procura obter dele informações para os alemães, «armadilha em que ele não cai», segundo a investigadora Patrícia Couto.

De Geer é julgado, em 1947, e considerado culpado por ter prejudicado a resistência, mas, devido à sua avançada idade, não chegou a cumprir a pena.

Vem a morrer na Holanda em novembro de 1960 ([49]).

7.4. A visita do ex-presidente suíço, Schulthess, e uma possível mediação dos países neutros no desenrolar da guerra

O ex-presidente suíço, que ocupou quatro vezes esta posição, a última das quais de 1 de janeiro de 1933 a 1 de dezembro de 1934, tinha curiosamente uma relação familiar com Portugal, facto que facilitava a sua vinda, de tempos a tempos, ao nosso país.

Uma sua filha era casada com um português, de longo apelido — Vasco Francisco Caetano de Castro Coutinho de Quevedo Pessanha.

Presidente Schulthess.

([49]) Entrevista com Patrícia Couto: http://www.britannica.com/biography/Dirk-Jan-de-Geer; historiek.net»Blogs&Opinie; Meinaart de Kaaij, «Een eenzaam staatsman.Dirk de Geer, 1870-1960» Hilversum: Uitgeverij Verloren, 2012.

OUTROS PROBLEMAS DIPLOMÁTICOS QUE ENFRENTOU

O mês de outubro de 1942, ano farto em acontecimentos relacionados com a Segunda Guerra Mundial e que tiveram lugar em Lisboa, trouxe Schulthess a esta capital, desta vez não só para uma visita familiar, mas também com um objetivo político.

A legação alemã, através de «um informador de inteira confiança», soube que Salazar não se opunha a tal iniciativa.

Schulthess encarava, naquela ocasião, uma vitória alemã como possível e entendia que, se Salazar se não opusesse à iniciativa — cujos contornos ainda deveriam vir a ser definidos, contactaria o outro país neutro da Europa, a Suécia. Toda a sua perspetiva era procurar definir uma possível política comum dos três pequenos países neutros face a uma Europa integrada numa Nova Ordem, em que a Alemanha seria a grande potência.

Segundo a legação alemã, o cardeal patriarca de Lisboa inicia um movimento de sensibilização junto de uma maioria do episcopado português, que, segundo Hoyningen-Huene, mostrava uma clara simpatia pela Grã-Bretanha, sendo que este movimento coincidiu com o regresso de uma visita ao Vaticano de Myron Taylor, nesta altura já encarregada de funções diplomáticas por Roosevelt.

Myron Taylor foi, nesta fase da sua vida, uma personalidade muito marcante da diplomacia norte-americana, na defesa dos judeus, particularmente junto do Vaticano. Myron Taylor teve precisamente uma missão, no verão de 1942, junto do papa, no sentido de defender a tese da vitória norte-americana, e passou efetivamente por Lisboa, onde teria advogado secretamente a concessão dos Açores aos aliados.

Segundo comenta o ministro alemão em Lisboa, para Berlim, as últimas posições alemãs e uma recente entrevista de Estaline criaram forte impacto nos britânicos e igualmente no Governo português.

Schulthess foi recebido por Salazar e por Carmona, a 8 de outubro de 1942.

Tratou-se de uma *démarche* que não veio a ter importância política no teatro das operações militares, mas que preocupou a legação alemã em Lisboa e a que Salazar atribuiu alguma relevância ([50]).

([50]) AA, Arquivo Diplomático, Espólio de v. HH, fls. 853 a 856.

7.5. Os barcos alemães e britânicos no Atlântico e a prisão de inúmeros alemães pelo primeiro-tenente Sales Henriques, por atos de espionagem

A costa atlântica de Portugal constituía, aliada à posição da neutralidade que o governo português havia adotado perante o conflito, um desafio de grande interesse para ambas as partes e um problema delicado de gerir pela parte portuguesa.

A 16 de setembro de 1941, o adido militar naval alemão, Heinichen, alerta o estado-maior da marinha alemã para a necessidade de usar, durante os próximos tempos, da maior prudência, se não mesmo de suspender as atividades de espionagem relativas aos navios britânicos na nossa costa.

Um grande número de cidadãos alemães havia sido detido pela polícia marítima, sob o comando do 1.º tenente Sales Henriques, acusado de espionagem e de fotografar navios e equipamentos britânicos.

Estes factos não só alertaram a legação como foram imediatamente aproveitados pela imprensa portuguesa.

Desta situação foi logo dado conhecimento ao famoso Schroeder, chefe da Gestapo em Lisboa.

Esta guerra das tendências e atividades paralelas e respetivo eco na imprensa constituíam matéria que merecia a maior atenção por parte da Alemanha. Já em agosto do mesmo ano, a propósito de um comunicado do *Oberkomando der Wehrmacht* (OKW) sobre a destruição de um «comboio naval» britânico por submarinos alemães, o jornal *Novidades*, próximo da Igreja, trazia «em letras gordas» que a escolta britânica «havia sido destruída por submarinos inimigos». Este facto foi imediatamente comunicado pelo adido militar alemão a Berlim, como prova da falta de neutralidade da imprensa portuguesa.

Curiosamente, e dentro da atitude que sempre seguia, Hoyningen-Huene explica, poucos dias depois, em ofício «secreto» dirigido a Berlim, que a notícia do jornal *Novidades* referia os submarinos alemães como «inimigos» relativamente aos barcos britânicos e não como inimigos de Portugal, pelo que não via razão para praticar qualquer diligência junto do governo português sobre o pseudoincidente.

Era a continuação da guerra no interior da legação, entre a diplomacia e os militares ([51]).

7.5.1. Antes do início da guerra — A intensa atividade sociocultural da legação alemã em Lisboa. A visita do ministro *Robert Ley e as suas consequências. Os banquetes constantes e as Festas Nacionais*

Como referiremos no capítulo 10, Hoyningen-Huene procurou, na sua ação diplomática, desmontar a imagem do III Reich como ditadura militarista hegemónica, brutal e antissemita e substituí-la pela ideia de uma Alemanha, capital de uma cultura europeia antiga. Nesse sentido, multiplicava aos olhos do grande público as exposições, os concertos e outras atividades culturais. A essas suas iniciativas não puderam escapar as semanais sessões de mau gosto — de que os da nossa idade bem se lembram— transmitidas através da rádio até haver televisão, pela FNAT (Fundação Nacional para a Alegria no Trabalho), que se inspirava nas atividades «culturais» da Força pela Alegria (*Kraft durch Freude*) do III Reich.

Foi, neste contexto, que, em março de 1935, um rebocador da casa Marcus & Harting trouxe a Lisboa o ministro Robert Ley, que foi recebido com toda a pompa e circunstância por António Ferro, então chefe do Secretariado da Propaganda Nacional — mais tarde, depois da vitória aliada e do novo mundo que surge, chamar-se-á Secretariado Nacional de Informação, sendo mais vocacionado para o turismo.

Robert Ley era o pai da *Kraft durch Freude,* a nossa FNAT, e é interessante lembrar as palavras proferidas por António Ferro, ao recebê-lo no Palácio Foz, transcritas na imprensa portuguesa de 23 de março:

([51]) *Idem*, fls. 898, 899, 904, 905, 906.

Recorte de jornal retirado do diário pessoal de Hoyningen-Huene.

... ao ver despreocupados e alegres os milhares de alemães e que o acompanharam a Portugal numa viagem de puro prazer, dando uma impressão de felicidade e tranquilidade, ninguém podia pensar na guerra, porque a guerra é a tristeza e a morte e o que «a Kraft durch Freude» deseja é a alegria, portanto a vida e a paz.

Esta visita trouxe uma sucessão de acontecimentos políticos e sociais bem aproveitados pelo hábil diplomata alemão. Assim, na Páscoa de 1936, chegam a Lisboa, a convite da FNAT, 3000 trabalhadores alemães da organização congénere alemã que vão aqui ter um programa bem cheio de acontecimentos.

Dentro do mesmo quadro, a Mocidade Portuguesa organiza uma homenagem aos «estudantes alemães» em todos os liceus de Lisboa, e a imprensa dá o maior relevo ao acontecimento, facto que Hoyningen-Huene sublinha no seu diário.

Relatos destas atividades chegavam a Hitler, como se pode ver, por relatórios com carimbos de entrada na Chancelaria do Reich [52].

Contudo, no ano de 1937, mais precisamente a 22 de outubro, chegam três navios da Alemanha — *Der Deutsche*, o *Oceania* e o *Sierra Cordoba*— com nova remessa de mais 3000 operários alemães. Desta feita, a ativa baronesa Hoyningen-Huene, a convite do ministro Ley, parte de Hamburgo a bordo de um dos navios, acompanhando os operários alemães, que aqui são mais uma vez recebidos com grande pompa pela FNAT.

Antes de partirem para a Madeira, um operário português de nome Argentino Campos Fragoso é condecorado por Hoyningen-Huene, seguindo-se um enorme banquete a bordo de um dos navios, onde estiveram muitas das «altas individualidades» do regime ou afetas a ele. Esteve presente Manuel Homem de Mello, como funcionário do MNE, que, em breve, iria para a nossa embaixada em Berlim.

Estas invasões turísticas continuam em 1938, com mais 1000 operários a chegarem a Lisboa a bordo do *Wilhelm Gustloff*, desta vez acompanhados por uma irmã de Hitler.

Duas notícias políticas merecem particular relevo no diário de Hoyningen-Huene: a saída de Ribbentrop, em março de 1938, do seu posto de embaixador em Londres para assumir a pasta dos Negócios Estrangeiros em Berlim e o pedido do governo brasileiro, em outubro do mesmo ano, de retirada do embaixador da Alemanha no Rio de Janeiro, por atividades consideradas contrárias ao estatuto diplomático. A Alemanha reagiu de imediato, pedindo que o embaixador do Brasil deixasse rapidamente Berlim. Ambas as notícias têm particular significado para Hoyningen-Huene. A primeira toca diretamente as

---

[52] Diário privado de Hoyningen-Huene relativo a 1936 (AA).

suas funções; a segunda fá-lo refletir sobre possíveis repercussões, em Portugal, desta medida do país irmão de língua portuguesa.

As diversas Festas Nacionais levavam a mais receções e ou banquetes na legação, com a presença de Hoyningen-Huene, para além de que outras comemorações partidárias ou de tradições germânicas, aproveitadas pelo partido, ajudavam a concretizar a ideia da unidade Estado-Nação-Partido. Muitas delas eram comemoradas somente por iniciativa dos órgãos do partido em Portugal, mas sempre associadas à legação.

Como exemplo, refiram-se a chamada Festa Nacional, que se comemora na legação a 10 de outubro, a Festa da Tomada de Poder de Adolfo Hitler, a Festa de Agradecimento da Colheita Agrícola ou o 1.º de Maio, ao qual se procurava retirar qualquer conotação esquerdista e que se chamava Festa do Feriado Nacional do Povo Alemão.

Recorte do jornal *O Século*.

Como o próprio sublinhou em documentos que deixou, a legação da Alemanha, durante o período em que Hoyningen-Huene esteve à sua frente, tinha uma vida social e cultural intensa, tanto junto da colónia alemã de Lisboa como para o grande público português. Constituía esta vertente da sua atividade diplomática a melhor forma de projetar mais a imagem da cultura alemã em detrimento dos outros aspetos.

Die Ortsgruppenleitung der NSDAP ladet hiermit alle Mitglieder der Partei, DAF, Frauenschaft, HJ und BdM ein zu der am

Sonnabend, dem 30. Januar 1937, um 21.^{30} Uhr,

in den von Herrn Minister Baron von Hoyningen-Huene freundlichst zur Verfügung gestellten Räumlichkeiten der Deutschen Gesandtschaft stattfindenden

Feier des Jahrestages der Machtergreifung,

auf welcher

Pg. Dr. Kurt von B o e c k m a n n
Intendant des Deutschen Kurzwellensenders, Berlin,

zu uns sprechen wird.
Der Zutritt ist nur den Mitgliedern oben genannter Gliederungen und mit auf den Namen lautenden, unübertragbaren Einlasskarten gestattet.
Die Einführung der nächsten reichsdeutschen Familienangehörigen ist gestattet, die ebenfalls mit einer persönlichen Einlasskarte versehen sein müssen.
Einlasskarten sind erhältlich für die Anfangsbuchstaben

A - L auf dem Deutschen Konsulat, Rua da Madalena, 75
M - Z bei der Firma Siemens, Rua Augusta, 118-1.º

Die Kartenausgabe schliesst am Sonnabend um 12 Uhr mittags; später werden keine Karten mehr ausgegeben.
Es wird besonders darauf hingewiesen, dass eine scharfe Kontrolle ausgeübt und eine Zulassung ohne Einlasskarte unter keinen Umständen gestattet wird.

Heil Hitler!

Ortsgruppenleiter

Convite do representante do NSDAP em Portugal para a festa nacional comemorativa da tomada de poder por Adolfo Hitler.

> **ERNTEDANKFEST.**
>
> LISSABON, den 4. OKTOBER 1936.
>
> 1. Fahneneinmarsch
> 2. Begrüssung
>   Ortsgruppenleiter Pg. Wolfgang Graeser
> 3. "Der Erntetag" von Heinrich Anacker, vorgetragen von Pg. Walter Wendling
> 4. Rede
>   Pg. Fritz Leikheim
>   Leiter des Amtes "Schönheit der Arbeit" der NS-Gemeinschaft Kraft durch Freude, Nürnberg.
> 5. Schlusswort
>   Minister Baron von Hoyningen-Huene, Deutscher Gesandter
> 6. Deutschland-Lied, 1. Strophe
>   Horst Wessel-Lied, 1. Strophe
>   Gemeinschaftlicher Gesang
> 7. Fahnenausmarsch
> 8. Kameradschaftliches Beisammensein.

Programa da festa tradicional de agradecimento pela colheita agrícola.

Num ofício dirigido a Weizsaecker, a 11 de julho de 1937, descreve desta forma a sua atividade em Lisboa:

> Pois em paralelo [às atividades oficiais] existem as obrigações da vida social que decorrente da situação política recaem sobre a legação,

designadamente sobre o ministro, nenhuma cerimónia grande oficial, nenhuma Parada, nenhum espectáculo desportivo, nenhum filme oficial pode começar sem que eu esteja presente.

Logo depois de ter tomado posse, levou dez jornalistas portugueses a Berlim, por ocasião de uma Feira do Livro em que Portugal participou.

Toda e qualquer visita servia para organizar um evento social — refira-se, como exemplo, a vinda a Portugal de uma mulher que era uma verdadeira estrela da vida de então, Hanna Reitsch, jovem piloto que fez os primeiros testes de pilotagem de helicópteros e que, além de Lisboa, visitou o Guincho e Sintra, ou a visita da filha de D. Miguel, D. Maria José de Bragança, então viúva do príncipe Carlos Theodoro da Baviera. Foi também o caso da visita, a 4 de junho de 1936, do seu sogro, Dr. Borsig, que apresentou no Buçaco uma sua publicação sobre dendrologia, facto a que a imprensa deu bastante relevo.

Os Jogos Olímpicos de 1936 constituíram outro importante acontecimento na vida diplomática da legação. No mês de junho daquele ano, ali se sucederam receções e banquetes para a organização dos preparativos da participação portuguesa naqueles XI jogos.

É triste assinalar que, entre 32 países, Portugal tenha ficado em último lugar, com uma medalha de bronze, facto que não inibiu Hoyningen--Huene de oferecer mais um grande banquete por essa ocasião.

No quadro dos Jogos Olímpicos de Berlim, houve uma dádiva de 500 escudos à Colónia Infantil do Século, facto muito evidenciado nas páginas deste jornal.

Cada visita de uma personalidade de relevo alemã ou qualquer outra efeméride constituía ensejo para uma sucessão de jantares e banquetes — a sua maioria na legação, mas outros em hotéis no Estoril ou no Aviz, em Lisboa. Julga-se de interesse nomear, entre muitos outros, alguns dos mais destacados *habitués*, hoje facilmente identificáveis pela organização das mesas constantes no já aludido diário de Hoyningen-Huene: os ministros dos Negócios Estrangeiros, altos funcionários do Palácio das Necessidades, como o Conde Tovar

DANÇA SOBRE O VULCÃO

Olympische Siegerliste

Nach ausländischen Berechnungen, wonach die Goldmedaille mit 3, die silberne mit 2 Punkten und die bronzene mit 1 Punkt gezählt wird, sieht das Punktergebnis der XI. Olympischen Spiele folgendermaßen aus:

	Gold	Silber	Bronze	Punkte
Deutschland	33 (3)	26 (13)	30 (4)	181
USA	24 (40)	20 (33)	12 (29)	124
Ungarn	10 (6)	1 (4)	5 (4)	37
Italien	8 (11)	9 (11)	5 (14)	47
Finnland	7 (5)	6 (8)	6 (14)	39
Frankreich	7 (9)	6 (7)	6 (12)	39
Schweden	6 (9)	5 (8)	9 (10)	37
Japan	6 (7)	4 (7)	8 (4)	34
Holland	6 (2)	4 (4)	7 (1)	33
Großbritannien	4 (4)	7 (6)	3 (6)	29
Oesterreich	4 (1)	6 (1)	3 (2)	27
Tschechoslowakei	3 (1)	5 (2)	0 (1)	19
Estland	2 (—)	2 (—)	3 (—)	13
Aegypten	2 (—)	1 (—)	3 (—)	11
Argentinien	2 (3)	2 (0)	3 (2)	13
Schweiz	1 (0)	9 (1)	5 (0)	26
Kanada	1 (1)	3 (5)	5 (5)	14
Norwegen	1 (—)	3 (—)	2 (—)	11
Türkei	1 (—)	0 (—)	1 (—)	4
Indien	1 (0)	0 (0)	0 (0)	3
Neuseeland	1 (0)	0 (1)	0 (0)	3
Polen	0 (2)	3 (1)	3 (3)	9
Dänemark	0 (0)	2 (1)	3 (2)	7
Lettland	0 (0)	1 (1)	1 (1)	3
Jugoslawien	0 (—)	1 (—)	0 (—)	2
Rumänien	0 (—)	1 (—)	0 (—)	2
Südafrika	0 (2)	1 (0)	0 (3)	2
Mexiko	0 (0)	0 (2)	3 (0)	3
Belgien	0 (—)	0 (—)	2 (—)	2
Australien	0 (3)	0 (1)	1 (1)	1
Philippinen	0 (0)	0 (0)	1 (2)	1
Portugal	0 (—)	0 (—)	1 (—)	1

Die Ergebnisse des Kunstwettbewerbs sind in dieser Liste noch nicht berücksichtigt. Die in Klammern beigefügten Ziffern geben das Ergebnis von Los Angeles 1932 wieder.

Lista das medalhas de ouro, prata e bronze e respetiva pontuação dos diferentes participantes.

OUTROS PROBLEMAS DIPLOMÁTICOS QUE ENFRENTOU

e Manuel Homem de Mello, António Eça de Queiroz (que foi representante de Portugal na Conferência Fascista de Montreux, em 1934), os condes d'Asseca, Manuel e Ricardo Espírito Santo e mulher, João Pereira da Rosa (diretor de *O Século*), Nobre Guedes, José Pontes (ambos foram à Alemanha pelo terceiro aniversário da subida ao poder de Hitler, sendo que o último era presidente do Comité Olímpico Nacional), condes de Arnoso, de Monte Real, Pais do Amaral, José de Figueiredo, Correia de Barros, Pinto da Cunha, Professor Azevedo Neves, Celestino da Costa, Viana da Mota, Júlio Dantas, Marcelo Caetano, entre outros.

As visitas oficiais que o ministro alemão, acompanhado pela sua mulher, efetuou à Madeira e aos Açores, em 1935, foram igualmente temas de grande impacto na imprensa regional e nacional.

Para realçar a intimidade de Hoyningen-Huene com a alta sociedade portuguesa de então, afigura-se de interesse aludir ao piquenique que se realizou, em Sintra, a 31 de dezembro de 1936, com os marqueses da Cadaval, Ricardo Mello, Fróis e outros.

No sector musical, Hoyningen-Huene trouxe mais do que uma vez a Orquestra Filarmónica de Berlim, com os maestros Böhm ou Knappertsbusch. Os seus concertos constituíram sempre grandes êxitos no teatro de São Carlos — e na sociedade portuguesa, que, assim, se via anestesiada face aos barbarismos que a imprensa internacional — mesmo filtrada — ia reportando sobre o III Reich.

Num país como o nosso, naquela altura sob um regime fascista que não nutria antipatias pelo nazismo, mas onde uma tradição cultural de interesse pela música clássica era um facto, facilitava-se esta atitude do ministro alemão.

Ivo Cruz e a cantora Arminda Correia deram um concerto num grande banquete nas Necessidades, a que Hoyningen-Huene, na ausência do núncio, presidiu em nome do Corpo Diplomático, em maio de 1936.

Viana da Mota deu, a 22 de maio de 1935, um concerto na sala da música da legação da Alemanha, por ocasião do qual o casal Hoyningen-Huene ofereceu um jantar para 30 pessoas, entre as quais

Salão de Música da legação alemã.

se encontravam Armindo Monteiro, os condes de Santarém, o conde de Carvalhães, o casal Pinto Basto, entre outros. É de sublinhar que Viana da Mota viria a ser condecorado, em 1938, com a Águia Alemã com Estrela, por proposta de Hoyningen-Huene.

A mulher de Hoyningen-Huene desempenhava uma parte ativa nesta função. Estará quase sempre presente nos diversos jantares oferecidos pela legação e nas múltiplas *soirées* musicais que ali decorriam, , quando algum artista alemão vinha atuar em Lisboa. A um destes concertos assistiu a mulher do nosso presidente da República, facto que constituiu sensação nos meios sociais da capital.

Nas fotografias a que tivemos acesso, vemos grande número de ministros portugueses e altas patentes militares a participarem em muitos dos jantares oferecidos pela legação alemã, em que, por vezes, parecia ser a baronesa a única figura feminina presente.

Entre os seus amigos íntimos contava-se o casal Espírito Santo. É interessante sublinhar que a mulher de Ricardo Espírito Santo era de ascendência judia, como o seu nome claramente revela — Mary Cohen Espírito Santo — e que amavelmente von Hoyningen-Huene

Deutsche Gesandtschaft Lissabon

Mittwoch den 22. Mai 1935

KLAVIERVORTRÄGE VON
VIANNA DA MOTTA.

NATUREINDRÜCKE IN DER KLAVIERMUSIK.

1.) Der hl. Franz von Assisi den Vögeln predigend .. .. **Liszt.**

2.) Barcarole op. 60 .. .. **Chopin.**

> Fast alle Zustände und Lebensweisen haben einen seligen Moment. Den wissen die guten Künstler herauszufinden. So hat einen solchen selbst das Leben am Strande... Diesen seligen Moment hat Chopin, in der Barcarole, so zum Ertönen gebracht, dass selbst Götter dabei gelüsten könnte, lange Sommerabende in einem Kahne zu liegen.   **Nietzsche.**

3.) Jardins sous la pluie

4.) Clair de lune .. .. **Debussy.**

5.) Jeux d'eau .. .. **Ravel.**

> Dieu fluvial riant de l'eau qui le chatouille.
> **Régnier.**

6.) Der hl. Franciscus von Paula auf den Wogen schreitend .. .. **Liszt.**

Programa do concerto dado por Viana da Motta na legação alemã
a 22 de maio de 1935.

punha a sua mala diplomática à disposição para mandar vir produtos de beleza para ela.

A baronesa tinha grande visibilidade pública, como se depreende do facto de o *Diário de Lisboa* lhe ter solicitado — e publicado a 21 de abril de 1941, dia seguinte ao do aniversário de Hitler — uma entrevista sobre o papel profissional da mulher.

Durante a maior parte da estada em Lisboa, organizava duas vezes por semana umas chamadas «tardes de tricô», para as quais convidava as senhoras da comunidade alemã. O objetivo era enviar roupa de inverno para organizações de beneficência na Alemanha, para famílias mais necessitadas da Silésia (Oberschlesien) e Erzgebirge.

Esta operação causou, de resto, uma fricção com o responsável em Portugal da chamada AO (*Auslandsorganisation*), que provocou mesmo uma carta do «*Gauleiter*» Bohle, de Berlim.

Hoyningen-Huene soube também aproveitar os jogos de futebol para encenar diversas manifestações de carácter social e popular, particularmente por ocasião do primeiro jogo entre a Alemanha e Portugal, no estádio do Lumiar, a 10 de março de 1936, que deu origem a um enorme banquete com a presença do chefe do protocolo e do próprio ministro Armindo Monteiro.

Mas também, por ocasião das constantes visitas de vários navios de guerra alemães a Lisboa, a embaixada aproveitava a ocasião para organizar receções e jantares de gala. Os comandantes dos navios eram frequentemente recebidos pelo próprio presidente Carmona, como aconteceu, logo no início de janeiro de 1938, durante a visita do navio de guerra alemão *Deutschland*, que era acompanhado por dois submarinos.

Para além da inauguração da igreja evangélica, em Lisboa, pouco depois da sua chegada, certamente uma das marcas de glória do barão von Hoyningen-Huene foi a inauguração do Instituto Alemão — já um pouco tarde, em janeiro de 1944 —, que decorreu na presença de grande número de académicos alemães, vindos de propósito para a cerimónia, e portugueses, tendo sido sublinhada neste evento a presença da ainda hoje famosa Livraria Buchholz, que, na altura, não ficava longe do Instituto Alemão.

Esta cerimónia mereceu, de resto, um longo artigo na imprensa alemã, assinado pelo correspondente Max Clauss ([53]).

Quando Pilar Primo de Rivera, chefe da Falange Feminina, passou por Portugal, a Embaixada de Espanha ofereceu-lhe um grande banquete para almoço, no Estoril, e, no mesmo dia, Hoyningen-Huene oferece um grande jantar na legação da Alemanha.

Depois dos atentados bombistas contra Salazar e da revolta na marinha, que a legação seguiu muito de perto, Hitler enviou a Salazar um telegrama datado de 5 de julho de 1937, «felicitando-o por ter saído ileso do aludido atentado organizado pelos bolchevistas».

Os discursos de Oliveira Salazar foram traduzidos para alemão e o editor desta obra veio a Portugal, onde se realizou uma importante cerimónia no Secretariado da Propaganda Nacional, em novembro de 1938. Já em março de 1939, numa grande homenagem ao poeta Eugénio de Castro, realizada na Universidade de Coimbra, von Hoyningen--Huene pronunciou um elaborado discurso sob o tema «A Mocidade Alemã — Génese de uma Ideia», em que compara Hitler a Salazar como exemplos de grandes expoentes da renovação do pensamento político na Europa.

De acordo com as notícias de então, Hoyningen-Huene foi poucas vezes recebido por Hitler. Sabe-se que, uma vez, durante as férias em Berlim, teve uma audiência com o Führer, em agosto de 1936, quando este recebeu outras personalidades, como lorde Rennel, da Câmara dos Lordes, o ministro alemão na Jugoslávia, o ministro alemão no reino da Albânia e, por último, o ministro em Lisboa.

O facto de ter sido o último constitui uma mera ordenação protocolar ou traduz a importância dada a cada país por Hitler?

Igualmente durante as suas férias, em 1938, terá ido ao Congresso do partido em Nuremberga e terá também sido recebido por Hitler.

([53]) Jornais portugueses de 22 de março de 1935; AA, Espólio de v. HH, fls. 1140, 1141; Memorando de v. HH, escrito em Constança, Suíça, a 3 de julho de 1945.

7.5.2. Depois do início da guerra — Novo quadro político. Continuação da atividade diplomática e sociocultural. A visita do ministro Speer e as celebrações do duplo centenário

A guerra começa a 1 de setembro de 1939, com a invasão da Polónia.

No mesmo dia, von Hoyningen-Huene entrega pessoalmente a Oliveira Salazar uma nota do governo alemão, cuja redação, por ele próprio manuscrita em francês no seu diário, aqui transcrevo:

> Conformément aux relations amicales entre les deux pays, l'Allemagne, dans le cas d'un conflit de guerre est décidée de s'abstenir de chaque acte d'agression et de respecter l'intégrité du Territoire de l'Etat Portugais ainsi que des Possessions Portugaises, si le Portugal dans un conflit éventuel observe envers l'Allemagne une neutralité stricte. Seulement dans le cas que ces suppositions, contre toute attente, deviennent caduques, il ira de soi que l'Allemagne serait obligé de protéger ses intérêts dans le domaine de la belligérance aussi envers le Portugal de la manière que la situation y résultant lui imposerait. [sic]

Salazar manda publicar na imprensa, em nome do Governo, uma nota da qual saliento os seguintes parágrafos:

> Felizmente, os deveres da nossa aliança com a Inglaterra, que não queremos eximir-nos a confirmar em momento tão grave, não nos obrigam a abandonar nesta emergência a situação de neutralidade.
>
> O Governo considerará como o mais alto serviço ou a maior graça da Providência poder manter a paz para o povo português, e espera que nem os interesses do País, nem a sua dignidade, nem as suas obrigações lhe imponham comprometê-la.

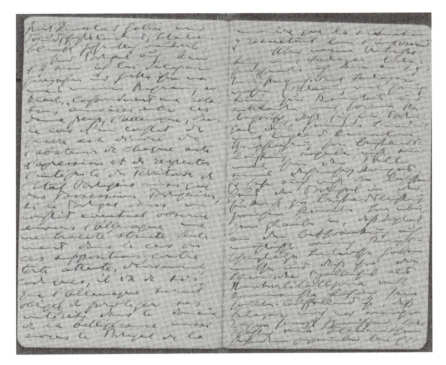

Página do diário pessoal de von Hoyningen-Huene.

Na legação alemã, se a atividade social abranda um pouco, depois do choque produzido pelo início da guerra, logo em janeiro de 1940 retomam tanto os jantares com os convidados do costume — os Espírito Santo, Eça de Queiroz, Telles da Silva, etc. — como as tardes de tricô da ativa baronesa, agora com os convites que envia às senhoras da comunidade alemã mais «cuidados» na formulação — sem dísticos ou emblemas, num simples cartão branco que termina «Com a saudação alemã, Heil Hitler, Gudrun Baronesa von Huene».

Não podemos deixar de referir as palavras que o Professor Doutor Bernardo Jerosch Herold, filho do dr. Jerosch Herold, que foi meu médico no colégio alemão e médico da comunidade alemã da época, me disse a este propósito:

Os meus pais admiravam-na imenso pelas suas virtudes... Quando foi operada no Hospital Alemão, o meu pai apercebeu-se do ódio que ela tinha aos nazis [quando acordou de uma anestesia, ainda meio inconsciente, teria insultado Hitler e a sua trupe, facto que causou sérias preocupações ao pai do Prof. Herold, por causa das enfermeiras presentes]. A minha mãe que participava nos «Stricknachmittage» [tardes de tricô], na legação em que as senhoras faziam crochet de luvas e agasalhos para os soldados alemães da frente leste, também notou o grande antagonismo entre ela e a «Frauenschaftsführerin» [chefe da Associação Feminina] Frau Bergner. Esta mandava as senhoras cantar canções nazis À minha mãe não escapava o ridículo de serem senhoras a cantar esta marcha sanguinária da SS, megalómana e incitadora de violência. O absurdo desta situação acentuava-se quando a minha mãe se reunia às escondidas ao jantar em nossa casa com a sua maior amiga de sempre, a Mary Azancot, que era judia. Esta participava em obras de caridade para os refugiados judeus, enquanto a minha mãe fazia crochet para os soldados alemães. A caridade era seletiva, mas elas partilhavam a mesma dor pelo que se estava a passar no mundo.

A Gudrun ficava lívida com estas cantorias e batia com os pés nos degraus e com as portas quando passava pelas escadas da sua residência de forma que as senhoras ouvissem.

Por curiosidade, citamos o estribilho da canção SS a que alude o Professor Bernardo Herold e a sua tradução em português:

Wir werden weiter marschieren
Wenn alles in Scherben fällt,
Denn heute hört uns Deutschland / Denn heute gehört uns Deutschland
Und morgen die ganze Welt/ Und morgen die ganze Welt

Continuaremos a marchar
Quando tudo estiver a ruir,
Pois hoje ouve-nos a Alemanha/Pois hoje pertence-nos a Alemanha
E amanhã o mundo inteiro /E amanhã o mundo inteiro

OUTROS PROBLEMAS DIPLOMÁTICOS QUE ENFRENTOU

O Govêrno português dirige-se á Nação

A-pesar dos incansáveis esforços de eminentes chefes de govêrno e da intervenção directa dos chefes de muitas nações, eis que a paz não pôde ser mantida e a Europa mergulha de novo em dolorosa catástrofe. Embora se trate de teatro de guerra longinquo, o facto de irem defrontar-se na luta algumas das maiores nações do nosso continente — nações amigas e uma delas aliada — é suficiente para o grande relêvo do acontecimento e para que dêle se esperem as mais graves consequencias: não só se lhe não pode ficar estranho pelo sentir, como há de ser impossível evitar as mais duras repercussões na vida de todos os povos.

Felizmente, os deveres da nossa aliança com a Inglaterra, que não queremos eximir-nos a confirmar em momento tão grave, não nos obrigam a abandonar nesta emergencia a situação de neutralidade.

O Govêrno considerará como o mais alto serviço ou a maior graça da Providencia poder manter a paz para o povo português, e espera que nem os interesses do País, nem a sua dignidade, nem as suas obrigações lhe imponham comprometê-la.

Mas a paz não poderá ser para ninguem desinterêsse ou descuidada indiferença. Não está no poder de homem algum subtrair-se e á Nação ás dolorosas consequencias de guerra duradoura e extensa. Tendo a consciencia de que aumentaram muito os seus trabalhos e responsabilidades, o Govêrno espera que a Nação com êle colabore na resolução das maiores dificuldades e aceite da melhor forma os sacrifícios que se tornarem necessários e se procurarão distribuir com a equidade possível. A todos se impõe viver a sua vida, mas agora com mais calma, trabalho sério, a maior disciplina e união: nem recriminações estereis nem vãs lamentações, porque em muito ou pouco fique prejudicada a obra de renascimento a que meteramos ombros. Diante de tão grandes males faz-se mester ânimo forte para enfrentar as dificuldades: e da prova que ora der sairá ainda maior a Nação. — O GOVÊRNO.

Nota do governo português.

Assinale-se que, já em novembro de 1939, Hitler não deixara de enviar um telegrama de parabéns pelo septuagésimo aniversário ao presidente Carmona.

No início de abril de 1940, dá-se uma curiosa cerimónia na legação em honra de três aviadores militares portugueses que receberam diplomas e insígnias, na qualidade de «pilotos-observadores do exército do ar alemão». Eram eles Humberto da Cruz, Dardo de Oliveira e Costa Franco, e as insígnias foram entregues pelo conhecido coronel Krahmer, adido militar, em nome do marechal Goering.

Esta cerimónia e o que ela representa não deixa de surpreender num país que optou pela neutralidade durante a guerra.

Continuam também as cerimónias para comemoração dos anos do Führer, essas mais a cargo dos órgãos representativos do partido em Portugal — em colaboração com a legação.

A entrada da Itália na guerra será também comemorada, especialmente pela Casa de Itália, mas agregando a legação alemã e o círculo dos seus convidados habituais.

São de assinalar alguns factos ligados às já referidas comemorações dos dois centenários de 1940. Hoyningen-Huene é nomeado embaixador extraordinário do Reich propositadamente para estas comemorações, e há troca de telegramas entre o Führer e o presidente Carmona a este propósito. Julgo que é igualmente de notar que a posição especial conferida a Hoyningen-Huene, por esta ocasião, determina que nas cerimónias este venha a ocupar sempre um lugar de relevo, designadamente no grande banquete que decorreu no Palácio da Ajuda, a 28 de junho de 1940. À baronesa é dado, como frequentemente, relevo particular nas fotografias publicadas na imprensa, mesmo nas cerimónias de carácter mais militar.

Em julho, Ribbentrop, já ministro dos Negócios Estrangeiros, recebe os chefes de missão diplomática e os adidos de imprensa e culturais alemães acreditados na Europa para os informar acerca da política externa do Reich e dos seus objetivos. Hoyningen-Huene estará presente.

OUTROS PROBLEMAS DIPLOMÁTICOS QUE ENFRENTOU

No ano seguinte, como se a guerra não estivesse a acontecer nem as ocupações alemãs dos muitos países europeus, a legação alemã vai mantendo um clima de receções, jantares e acontecimentos culturais que desviam as atenções dos participantes da barbárie que reina na Europa.

Com pompa e circunstância, Hoyningen-Huene visita oficialmente o Porto e aí preside a um jantar, chamado na imprensa de «prato único», com a colónia alemã daquela cidade e entidades oficiais. Naquela altura da guerra, aquilo que em Portugal apelidaram de «prato único» aludia ao *Eintopf*, que foi introduzido na Alemanha para fazer face aos problemas de escassez de alimentos que ali se faziam sentir. Trata-se de uma panela na qual se misturam vegetais e eventualmente alguma carne ou salsichas e, por vezes, lentilhas, o que constituía a refeição completa.

Este problema é bem descrito no livro de Jesse Rhodes (2012), *The Battle for Food in World War II*. De resto, ainda hoje se servem frequentemente na Alemanha pratos que continuam a chamar-se *Eintopf* («uma panela»).

Em novembro de 1941, o grande arquiteto do III Reich e o seu próximo ministro de Armamento, Albert Speer, visitam oficialmente Portugal. Vai a Évora, organiza na Sociedade de Belas-Artes uma grande exposição da nova arquitetura alemã, inaugurada pelo próprio presidente da República, tem vários contactos com o ministro Duarte Pacheco e suscita mais uma ocasião para a organização de vários banquetes na legação alemã.

Hoyningen-Huene desloca-se nos últimos anos com mais frequência à Alemanha e, vemos, por exemplo, em novembro de 1942, o tenente-coronel Esebeck, adido militar, na ausência do ministro, oferecer no Hotel Palácio do Estoril um almoço a numerosos oficiais do estado-maior e da Guarda Nacional Republicana, em honra dos recém-chegados de uma visita à Alemanha. Entre eles estava o então tenente António Spínola.

Em 1942, a legação realiza uma importante exposição sobre a técnica alemã.

É ainda em maio de 1942 que Lisboa, como capital de país neutro, é teatro de uma curiosa cena, aquando da chegada, a bordo de um paquete sueco, de 923 funcionários diplomáticos de nacionalidades alemã, italiana, búlgara e húngara — de vários países do continente americano, designadamente dos Estados Unidos, que, entretanto, cortaram relações diplomáticas com o III Reich.

Recebidos com grande euforia na doca de Alcântara, instalaram-se em hotéis na baixa lisboeta antes de partirem para os respetivos países de origem.

É curioso notar que o diário pessoal de von Hoyningen-Huene, existente nos arquivos do AA (Ministério dos Negócios Estrangeiros alemão) e no qual baseamos muitos dos elementos referidos, termina abruptamente em meados de 1943.

7.6. A imprensa portuguesa

Sabemos que a imprensa portuguesa, sujeita a censura apertada, mostrava na generalidade grande condescendência para com a germanofilia, e alguns jornais eram mesmo simpatizantes do nazismo, como, por exemplo, *O Século*, que adotava uma atitude mais do que positiva quanto à própria figura de Hitler. Constituíam exceção velhos jornais republicanos, como *A República*, e alguns mais ligados à Igreja, onde havia uma corrente que nutria simpatias pelos aliados.

A Embaixada Norte-Americana ofereceu um jantar ao cardeal patriarca de Lisboa, facto que não passou desapercebido ao ministro alemão, que a ele se refere com algum destaque no seu diário.

As relações do cardeal patriarca de Lisboa com von Hoyningen-Huene nunca foram boas. Em janeiro de 1938, o ministro alemão escreveu uma longa carta de sete páginas ao cardeal Cerejeira, insurgindo-se com veemência contra a homilia do Natal de 1937, pronunciada por aquele, a 6 de janeiro de 1938. Segundo o diplomata alemão, que se dirige ao cardeal português «como um cristão que se dirige a outro cristão», este referiu-se à Alemanha e a Hitler, na sua mensagem natalícia, em termos muito ofensivos, comparando o nazismo ao comunismo e a um perigoso novo paganismo. Curiosamente, a resposta de uma página e meia do cardeal patriarca é datada somente de novembro, e é notável a vários títulos: começa por dizer que não quer aborrecer o seu interlocutor com explicações sobre o atraso na resposta, depois afirma ter dito muito menos do que os bispos alemães têm feito e, em terceiro lugar, acrescenta não poder prometer não vir a repetir afirmações semelhantes. Afigura-se interessante sublinhar o distanciamento e a independência que parecem transparecer naquelas afirmações relativamente ao governo de Salazar ([54]).

Mas a imprensa portuguesa não constituía para Hoyningen-Huene, particularmente na primeira parte do seu mandato, um dos seus problemas diplomáticos.

Já, porém, em 1937, surge uma notícia na imprensa alemã que vem ocasionar um problema entre os dois países, facto aproveitado pelos ingleses.

A 30 de janeiro, a imprensa alemã refere com destaque e sob o título «Cruzada de Mentira sobre a colónia portuguesa de Angola» uma nota do governo português desmentindo uma notícia que teria tido origem em Genebra, segundo a qual Hitler iria anunciar publicamente o acordo com Salazar para a exploração de Angola. Acrescenta a imprensa alemã que esta notícia se segue à revolta da marinha e ao ataque bombista que decorreu recentemente.

A legação alemã teve de assumir uma posição pública sobre o facto, em que desmentia formalmente o teor da notícia.

7.7. Como via Hoyningen-Huene a política colonial de Salazar «Ali também é Portugal». A visita do ministro das Colónias a Angola, Moçambique, Congo Belga e África do Sul, em 1942

O ministro alemão e mais um membro da sua legação, como todos os chefes de missões diplomáticas em Lisboa, foram convidados

---

([54]) Documentos que me foram gentilmente indicados por Margarida Ramalho, PT/AHPL/PAT 14-SP/f03/01/006.

para a sessão solene de abertura da Primeira Conferência Económica do Império Colonial Português.

A sessão decorreu na segunda-feira, 8 de junho de 1936, e constituía a solenização institucional do Império Colonial, que vem ter a sua coroação popular e nacional nas comemorações do Mundo Português, em 1940.

A cerimónia realizou-se na sala de sessões da Câmara Corporativa e foi inaugurada por um discurso de Oliveira Salazar. Assistiram o presidente da República, Carmona, o cardeal patriarca de Lisboa, Cerejeira, e tudo o que havia de autoridades das então chamadas metrópole e colónias.

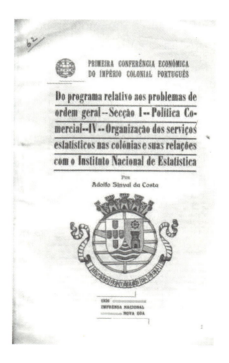

As reuniões dividiam-se em várias secções, que abrangiam a economia, a indústria, a agricultura, a educação, etc. ([55]).

([55]) Biblioteca e Arquivo da Fundação Mário Soares e ephemerajpp@com.

OUTROS PROBLEMAS DIPLOMÁTICOS QUE ENFRENTOU

Julga-se importante salientar o modo inteligente e totalmente distanciado e crítico como o diplomata alemão via não só a eficácia desta conferência, como o conteúdo da política salazarista no que respeitava às colónias.

Hoyningen-Huene, num relatório de 11 de junho de 1936 ([56]), é perentório ao afirmar que esta conferência é puramente consultiva e que «o significado da conferência reside no propósito de afirmar para fora de modo visível a ideia do império colonial.»

E acrescenta que:

> o observador imparcial só pode constatar que a prosaica realidade tem um aspeto bastante diferente. Já a palavra império contrasta fortemente com os dados da realidade, se se quiser olhar no mapa mais alguma coisa além da simples posse de extensos territórios ultramarinos. Assim, a discrepância entre as forças da metrópole, pequena, pobre, atrasada, quase indefesa, e, por outro lado, a extensão das grandes possessões dispersas por três partes do mundo faz saltar demasiado aos olhos a impossibilidade de emergir qualquer esperança numa reanimação de grandezas passadas.

No mesmo relatório, refere adiante que, passeando pelo interior do país, quando se pergunta a quem pertence esta ou aquela grande propriedade, recebia sempre a resposta de que era a algum emigrante regressado do Brasil e não de África, e afirma: «assim, se conclui que as possessões portuguesas tenham permanecido mais como domínio de uma burocracia deficiente e constituída por elementos fracos, e não como domínio de pioneiros coloniais empreendedores e capazes.»

Afirma ainda que Portugal, embora mostre aparente abertura a investimentos estrangeiros, «prefere ficar nitidamente para trás em relação ao desenvolvimento das colónias de outros países».

Termina, com uma visão errada, mas certamente adequada à época em que foi concebida: «a mais longo prazo Macau e Timor devem

---

([56]) CA-B Microfilme 17786, apud António Louçã, *Portugal visto pelos nazis*.

ser vistos como bastiões perdidos, Portugal apenas poderá seguir a política tradicional de se encostar à Inglaterra.»

Se é certo, a 40 anos de distância, que estas possibilidades se não verificaram, é interessante ter em consideração como um país amigo como a Alemanha nazi, e não uma democracia ocidental, encarava criticamente a visão de Salazar quanto ao futuro do império colonial.

Em meados de 1942, o ministro das Colónias português faz uma visita oficial a Angola e Moçambique, assim como ao então Congo Belga (Leopoldville) e à África do Sul.

A legação alemã em Lisboa dá particular importância a esta visita, no contexto da política colonial de Salazar, no quadro da guerra que então grassa na Europa, assim como numa perspetiva de Pós-guerra, tanto em caso de uma vitória como de uma derrota da Alemanha.

Toda esta análise, que assume a forma de um relatório para Berlim datado de 8 de julho de 1942, ganha a sua importância específica face às fragilidades que a neutralidade de Portugal encerra ([57]).

Para Hoyningen-Huene, Salazar conhecia em pormenor a estratégia anglo-americana e queria garantir a «independência» das colónias portuguesas face a um possível ataque alemão ao continente africano, incluindo às zonas a sul da linha «Monróvia-Eritreia», pois pensava que a Inglaterra, se sofresse uma derrota no Mediterrâneo e Norte de África, poderia conceber uma expansão alternativa que punha em perigo as nossas colónias.

Para precaver estas eventualidades, Portugal devia manter uma boa vizinhança com os países limítrofes das suas colónias, designadamente com Leopoldville e Pretória, que, de uma forma mais ou menos direta, mantinham uma ligação à Grã-Bretanha.

Esta viagem era importante para conhecer os planos alternativos que estavam a ser arquitetados nestas capitais, e de que o governo português pretendia informar-se cabalmente para que «a independência das possessões coloniais portuguesas em África, face às intenções anglo-americanas, não viesse a sofrer alguma limitação».

([57]) AA, Arquivo Político, Espólio de v. HH, fls. 938, 939.

Salazar, político que mergulha as suas raízes estratégicas no século XIX, tinha uma clara consciência dos perigos que as colónias portuguesas, que eram dependentes da fragilidade da metrópole lusitana, enfrentavam face a um conflito mundial como a Segunda Grande Guerra.

7.8. A opinião pública portuguesa sobre o possível desfecho da guerra. O relatório de março de 1943

Com o evoluir da guerra, mesmo os países neutrais, que se poderiam considerar ideologicamente menos adversários militantes dos fascismos — e alguns pelo seu anticomunismo visceral e por acreditarem que as democracias liberais estavam destinadas ao insucesso e abriam a porta ao fim do que chamavam «civilização», a que acrescentavam o adjetivo «cristã» —, começaram a duvidar das anunciadas vitórias das forças do Eixo.

Assim, já a 23 de março de 1943, a legação alemã comunica a Berlim que as forças políticas e as representações diplomáticas em Portugal, embora com visões diversas quanto ao futuro, têm um denominador comum («lassen sich auf etwa folgenden gemeinsamen Nenner bringen!»). E acrescenta que as ações estratégicas dos aliados e dos russos, no final do outubro passado, não decorreram como se esperava, especificamente nos casos de África e da Rússia.

É, porém, aqui também claro — considera Hoyningen-Huene — que se colocam dificuldades profundas, tanto políticas como militares, aos Estados Unidos e à Inglaterra, sobretudo quanto às conceções divergentes no que respeita aos seus aliados russos, designadamente às exigências que Estaline fará ou, como pergunta o ministro alemão, se é que não as fez já.

Segundo Hoyningen-Huene, a opinião prevalecente em Lisboa é que o objetivo da viagem do ministro britânico Anthony Eden aos Estados Unidos foi o de procurar aplanar as divergências entre os dois aliados quanto às futuras questões que Estaline porá, tanto políticas como militares.

Estes elementos fortalecem a ideia de que os aliados poderão vir a entrar em conflito político ou mesmo militar, embora estas duas orientações se afastem cada vez mais.

Ainda segundo a visão alemã, observadores que merecem crédito defendem a ideia de que Eden evitará a todo o custo qualquer ocorrência militar com os Estados Unidos e pensará mesmo num acordo paralelo com os russos de modo a acalmá-los igualmente.

Outra corrente advoga a necessidade de vir a abrir uma nova frente militar europeia com a Rússia, embora as opiniões divirjam sobre por onde passaria essa nova frente.

Em nenhum dos casos parecia plausível uma ofensiva contra a Península Ibérica.

Quem defende a abertura possível de uma nova frente na Europa acrescenta que essa ofensiva surgiria via Atlântico e Mediterrâneo contra o Sul de França.

Afigura-se-nos que o maior interesse deste relatório de Hoyningen--Huene é a antevisão — já em 1943 — de uma derrota alemã e a coragem de a apresentar a Berlim, num telegrama secreto e cifrado ([58]) [cf. anexo n.º 4].

7.9. A questão dos Açores. A convocatória urgente do adido militar alemão por Santos Costa e a mudança da posição oficial portuguesa face ao desfecho provável da guerra. O papel do inspetor Catela da PVDE. Uma invasão aliada da península e dos Açores?

Para Hoyningen-Huene, pode considerar-se que o eclodir da questão dos Açores — que há algum tempo vinha constituindo preocupação sua — aconteceu quando, inesperadamente, a 9 de junho de 1943, o

---

([58]) AA, Arquivo Político, Espólio de v. H.H. fls. 859-863.

OUTROS PROBLEMAS DIPLOMÁTICOS QUE ENFRENTOU

então subsecretário de Estado da Guerra, Fernando dos Santos Costa, convoca de urgência, e pela primeira vez, o adido militar alemão ao ministério, sendo que o reconvocou no dia seguinte para melhor se esclarecerem certos aspetos.

Não podemos esquecer que Santos Costa foi um dos pilares do Estado Novo, desde o início até 1974. Já em 1944, passou por ministro da Guerra, permaneceu 22 anos no governo de Salazar e só veio a falecer em 1982.

Teve as mais altas condecorações, viveu com Salazar a Guerra Civil de Espanha e a Segunda Guerra Mundial e teve um papel não despiciendo na nossa entrada para a NATO.

Acompanhando o longo relatório do adido militar alemão, distinguimos as seguintes passagens sobre o que lhe terá dito Santos Costa:

1 — Reina nos meios militares e políticos algum nervosismo, pois considera-se praticamente fora de alcance uma vitória alemã. Esta opinião baseia-se muito na opinião de generais espanhóis.
2 — Pensam Santos Costa e os espanhóis que os norte-mericanos podem considerar uma agressão armada contra a Península Ibérica.
3 — Santos Costa queria conhecer, com pormenores, como a Alemanha defenderia Portugal de um ataque aliado.
4 — O governo estará um pouco reticente em colocar à Alemanha esta questão, mas parece evidente a Santos Costa que a Alemanha não só tem interesses vitais na península, como não deixaria de atacar os seus próprios inimigos.
5 — Queria informar sobre as conversas que tem tido com o adido militar norte-americano, general Hohenthal, e com várias personalidades britânicas que têm passado por Lisboa, assim como sobre os relatórios da PVDE. Trata-se da ameaça à península e muito em especial aos Açores.
6 — O general Hohenthal lembrou, na maior das confidências, ao chefe do estado-maior português, as obrigações que ligam Portugal à Grã-Bretanha. «Afigura-se-me do maior interesse político e estratégico de Portugal preparar deste modo a Alemanha de

maneira hábil sobre o desfecho deste episódio». Acrescentou que os ingleses não se dispõem a assegurar a defesa dos Açores, ficando esta defesa a cargo dos norte-americanos («dieser Schutz übernimmt Amerika»).

7 — Os norte-americanos poriam à disposição tropas e armamento, caso Portugal enviasse cinco divisões. Para eles, segundo o general Hohenthal, esta manobra era decisiva para defender a costa atlântica dos submarinos alemães.

8 — O general Hohenthal está de tal modo convicto desta estratégia que se vai deslocar a Washington para expor a sua teoria.

9 — Segundo o general Hohenthal, a corrente militar monárquica em Espanha contra Franco é cada vez maior e estaria disposta a entregar-se aos norte-americanos. Caso tudo acabasse numa revolução, certamente a Alemanha viria em apoio de Franco.

10 — Santos Costa disse que um número considerável de generais apresentou um memorando ao generalíssimo Franco solicitando--lhe que entregasse pacificamente a Coroa ao rei de Espanha.

11 — Sabendo que a corrente monárquica em Espanha é muito grande, não exclui que possam os aliados provocar um estado de rebelião usando os comunistas. Diz estar convencido de que a influência norte-americana na política espanhola é muito considerável.

12 — Tem conhecimento de que o general Orgaz, um dos subscritores do aludido memorando, aceitou um convite norte-americano para se dirigir à fronteira hispano-marroquina e disse que esse facto produziu um efeito muito positivo.

13 — Afirmou que os generais espanhóis já não acreditam numa vitória alemã, mas, considerando que a Alemanha ainda possui meios importantes contra os inimigos, julgam oportuna a ocasião para procurar um Acordo de Paz [interessante maneira de avançar com esta sugestão, com que provavelmente o próprio Hoyningen--Huene não estaria em total desacordo].

14 — Refere que a ameaça sobre os Açores poderia levar a uma política triangular entre os Estados Unidos, o Brasil e Portugal. Neste sentido, foi convidada uma importante missão militar portuguesa

OUTROS PROBLEMAS DIPLOMÁTICOS QUE ENFRENTOU

a deslocar-se aos Estados Unidos. Afirma que, segundo as informações trazidas por essa missão, 100% dos americanos com quem falou concordam com uma violenta agressão ao Japão, e apenas 50% concordam com um ataque à Alemanha. Atendendo a que estas opiniões enfraquecem as posições de Roosevelt, não devemos minimizar uma eventual manobra compensatória contra a Península Ibérica. [Neste contexto, convém notar que, já a 8 de julho de 1941, o próprio Roosevelt escreve uma longa carta a Salazar, «entirely personal and informal», chamando a sua atenção para o perigo que os Açores e as colónias corriam face a um possível ataque alemão. Os Estados unidos viam assim com o maior interesse as disposições que Portugal estava já a tomar no sentido da defesa dos Açores. Acrescenta que pode garantir que a soberania de Portugal sobre os Açores ou outro território nunca seriam manchados por uma ajuda militar norte-americana. Se Portugal considerasse que uma aliança com o Brasil, nesse sentido, seria útil, o Brasil e os Estados Unidos cooperariam amigavelmente. Sublinha mais do que uma vez nesta carta pessoal que a soberania portuguesa nunca sofreria com qualquer posição que viesse a ser tomada.] [59].

[Anexo n.º 5]

15 — Salazar — disse Santos Costa — teve em consideração as afirmações do adido militar norte-americano.

16 — Existe a preocupação de que os aliados possam pensar em separar da metrópole as colónias portuguesas em África. O ministro da Economia está já devidamente inteirado e Salazar em caso algum abdicará das colónias.

17 — O adido militar alemão respondeu não estar em condições de fornecer quaisquer pormenores sobre a questão, que dependia exclusivamente do estado-maior alemão. Santos Costa retorquiu não estar interessado em pormenores, mas exigia uma resposta clara sobre o assunto.

---

[59] AHD, do MNE, cota do maço GSG n.º 26.

No dia seguinte, embora Santos Costa se mostrasse desiludido, a parte alemã respondeu que a verdadeira solução para toda esta problemática estava na vitória alemã e que a Alemanha tudo faria para assegurar a neutralidade de Portugal [60].

Curiosamente, encontra-se nos arquivos do AA (Ministério dos Negócios Estrangeiros alemão) um documento de quatro páginas, sem cabeçalho, data ou assinatura, no qual se apontam as graves dificuldades impostas por um ataque das forças do Eixo à Península Ibérica, sublinhando que essas dificuldades seriam tanto para o exército como para a marinha ou a aviação e acrescentando que a resistência da população seria mais um elemento a desaconselhar altamente o ataque (fls 874-877).

Dois meses depois, a 20 de agosto de 1943, o famoso inspetor da PVDE, Catela, aparece na legação — que visitava com frequência, embora não merecesse grande consideração pelas informações que procurava.

Vem, por moto próprio ou a mando de Santos Costa, renovar o pedido de uma ajuda necessária da Alemanha em caso de uma ameaça aliada a Portugal.

A legação pensa que teria consultado anteriormente o embaixador de Espanha, Nicolau Franco, sobre o assunto, mas ele desmentiu [61].

7.9.1. *As reações de von Hoyningen-Huene e de Oliveira Salazar*

Von Hoyningen-Huene escreve direta e pessoalmente a Salazar, a 15 de outubro de 1943, uma carta — que entrega em mão, segundo informação que tive — na qual enuncia um protesto formal afirmando que a concessão das facilidades dos Açores aos britânicos contradiz radicalmente a neutralidade que sempre garantira ao governo do Reich.

---

[60] AA, Arquivo Político, Espólio v. H.H. fls 866-873.
[61] AA, Arquivo Político, Espólio de v. H.H, fls. 878.

Considera como totalmente inadmissível o argumento dado pelo secretário-geral do Ministério dos Negócios Estrangeiros de que os britânicos tinham apresentado o problema sob uma «forma de ultimato», à qual Portugal não podia escapar. Diz que este argumento é tanto mais inadmissível quanto é historicamente conhecido que, desde a aliança de 1373, Portugal não só perdeu parte dos seus territórios coloniais, como sofreu graves prejuízos económicos causados pela Grã-Bretanha. Sublinha que este facto é tanto mais inaceitável quanto, a 8 de novembro de 1942, a Inglaterra assegurara nunca tocar em qualquer território sob soberania portuguesa.

Apresenta, assim, um veemente protesto, sublinhando que a Alemanha se reservava o direito de tomar as medidas que tal ato possa vir a exigir.

Salazar, no seu estilo muito próprio que por vezes ronda a intenção de forçar a quadratura do círculo, em carta de 30 do mesmo mês, responde que tomou nota do protesto do governo do Reich, mas argumenta, curiosamente, que em nada esta atitude portuguesa melindra a sua neutralidade assumida.

Refere ter afirmado que a neutralidade de Portugal «era sempre condicionada e limitada no âmbito da sua aplicação pelas exigências da dignidade do país, pelos seus superiores interesses e pelas obrigações eventualmente emergentes da aliança de Portugal com a Grã-Bretanha, celebrada não com vista à actual guerra».

Acrescenta, e este aspeto é importante: «O acto agora praticado provém somente do apelo feito à aliança e ao seu espírito, mais imperioso para a lealdade do governo português em relação a todos os pactos que o obrigam, do que quaisquer pressões a que não poderia ceder.» E acrescenta logo a seguir: «Não obstante a concessão feita, o Governo Português, como eu já disse a Vexa., não se afasta do seu desejo e propósito de manter a neutralidade em todos os territórios portugueses» ([62])([63]).

([62]) AHD, MNE, Cota maço GSG, n.º 26.
([63]) ANTT, CS, vol. I (1943).

DANÇA SOBRE O VULCÃO

De resto, as boas relações entre Salazar e von Hoyningen-Huene não sofreram com este aparente abalar das relações bilaterais. Manteve-se a intenção de agradar aos alemães totalmente patente nesta carta de 12 de julho de 1943, assinada par Salazar e dirigida pessoalmente a von Hoyningen-Huene, relativa a fornecimentos de material de guerra ao Ministério da Guerra de Portugal pela empresa alemã AGEKA GmbH:

> «Confidencialíssimo
> Tenho a honra de confirmar a Vexa. em nome do Governo Português que o reembolso das importâncias pagas pelo Ministério da Guerra à firma AGEKA GmbH, nos termos do contrato nr.49, de 1.7.1943, no caso do eventual não cumprimento por parte da mencionada firma ou de rescisão do mesmo por parte do Governo Português, não será exigido antes do fim da guerra.
> Aproveito a oportunidade...
> Ass. A.O. Salazar» ([64])

7.9.2. *A circular secreta de Salazar emitida dois dias antes da concessão das facilidades dos Açores*

Datada de 27 de setembro de 1943, é enviada a todos os chefes de missão portugueses no estrangeiro uma circular intitulada: «SECRETO — Circular dirigida às diferentes missões diplomáticas no estrangeiro — FACILIDADES NOS AÇORES.» Através dela, Salazar dá notícia «da concessão pelo Governo Português à Inglaterra do uso de certas facilidades nos Açores pedidas pelo Governo Britânico em nome da Aliança» e solicita que o assunto seja mantido «no mais absoluto segredo» em relação ao «próprio pessoal sob as suas ordens» e que nem seja referido em qualquer telegrama, até o facto ser oportunamente anunciado.

([64]) ANTT, AOS/CP-20.

OUTROS PROBLEMAS DIPLOMÁTICOS QUE ENFRENTOU

Como o historiador Filipe Ribeiro de Menezes refere, não deixa de causar estranheza a incompreensível abertura que Salazar haveria mostrado já anteriormente a esta eventualidade e a esse propósito, não se podendo esquecer a velha carta pessoal que recebera de Roosevelt.

Neste contexto altamente complexo para Portugal, não devemos esquecer as duas atitudes que se iam desenvolvendo na Grã-Bretanha a propósito dos Açores: por um lado, a vontade e a necessidade que Churchill via numa tomada dos Açores pela força e, por outro, a posição do Foreign Office, que privilegiava uma aproximação pacífica, facto que ficou muito claro na Conferência Trident, em Washington.

Tudo isto foi fundamental para entender a posição final, mas complexa, de Salazar, como bem refere Ribeiro de Menezes.

8.

A relação de von Hoyningen-Huene com o almirante Canaris. A correspondência. Canaris em Lisboa numa missão secreta, em maio de 1942?

A história do almirante Canaris, que chefiou a Abwehr (serviços de informações militares) desde 1 de janeiro de 1935 até fevereiro de 1944, é hoje sobejamente conhecida. Representa uma das facetas da fragilidade do nazismo, que persistiram — não obstante o aparente monobloco impenetrável da ditadura hitleriana — num recanto mais profundo e importante das suas Forças Armadas.

Como grande parte dos historiadores desta época afirma, se Canaris sempre teve como objetivo acelerar processos que pudessem levar à demissão de Hitler, o facto de a dado momento a Gestapo passar a ter direito de veto sobre certas missões da Abwehr levou-o a dar uma importância muito maior ao seu número dois, o general Hans Oster, que era o verdadeiro chefe ativo da oposição na Abwehr.

Embora sempre preferindo um golpe que não assassinasse Hitler — até ao momento em que afirmou que, se Oster não visse outra solução, ele nada faria para o evitar [65] —, não podemos ignorar certas ações suas, como ter encoberto, através de falsificação de

---

[65] *Vide* entrevista de Liedig, em 1960, a Herald Deutsch (obra citada).

documentos, a presença de dois antigos soldados alemães judeus nas fileiras da Abwehr até 1944 — um tal Bloch e Simon.

Numa reunião com Oster e Mueller no Hotel Regina, em Munique, em 1942, Canaris, baseando-se nos dois conceitos da língua alemã, *Landesverrat* e *Hochverrat* («traição à pátria» e «alta traição»), interrompeu a conversa para afirmar: «Na realidade não se pode considerar (Landesverrat) traição à Pátria, o movimento em que Oster e o seu grupo estão envolvidos, não é verdade?» ([66]).

É certo que, como diz Harold Deutsch, Canaris é uma daquelas personagens sobre as quais há imensas histórias e lendas, e nem sempre é fácil distinguir a verdade histórica do rumor.

Por outro lado, demonstrou cooperação com Weizsaecker, quando mandou a Abwehr proceder à inspeção das paredes do gabinete deste último para procurar a possível existência de microfones.

Em Portugal, foi descoberta mais de uma rede de espionagem alemã, sendo que uma delas estava ligada à Abwehr ([67]).

Von Hoyningen-Huene era amigo pessoal de Canaris e não o escondia. Em alguns dos seus depoimentos, utiliza a expressão «quanto ao meu amigo almirante Canaris…» ([68]). É vária a sua correspondência com Canaris a partir de Lisboa ([69]).

A mulher de Canaris, Erika, numa carta de quatro páginas dirigida ao «Caro Senhor v. Huene», a 30 de dezembro de 1939, não só se refere às férias que haviam passado em sua casa, aqui em Portugal, como alude a 1940 como «o ano escuro que se avizinha» ([70]).

A dado passo da carta, Erika menciona o imenso trabalho que o marido agora tem e considera um milagre que tenha tido ao menos

---

([66]) Esta frase foi afirmada, a 12.08.1958, por Mueller e Ficht, numa entrevista concedida a Harold Deutsch.

([67]) *Vide* obra citada de Irene Flunser Pimentel, *Espiões em Portugal durante a Segunda Guerra Mundial*.

([68]) Memorando, julho de 1945: «Auch von meinem Freund, dem Admiral Canaris».

([69]) AA, Arquivo político, Espólio de v.HH.

([70]) *Idem*, fls. 427 a 429.

A RELAÇÃO DE VON HOYNINGEN-HUENE COM O ALMIRANTE CANARIS

um dia para passar com a família naquele Natal. Termina afirmando: «Vamos ter de viver durante bastante tempo a pensar na tranquilidade que aí usufruímos.»

Canaris e a mulher teriam, assim, vindo passar férias a Portugal, em 1938 ou 1939…

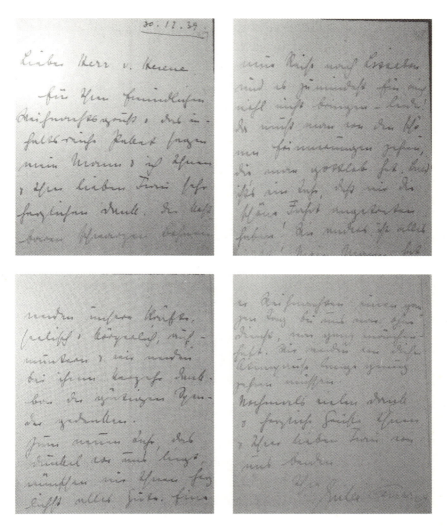

Carta da mulher de Canaris a von Hoyningen-Huene.

125

É de notar que, pelo Natal de 1939, o almirante Canaris envia as boas-festas a von Hoyningen-Huene. Não se trata de um agradecimento ou retribuição de votos. Um pormenor que seria interessante conhecer era a quantos outros representantes do III Reich haveria mandado Canaris votos de boas-festas.

Erika Canaris, cujo nome de solteira era Waag, terá vindo a falecer em Madrid, em 1970, havendo recebido uma pensão de viuvez por parte dos aliados, dadas as posições políticas do marido, que, como se referiu, foi condenado à morte por Hitler.

Como von Hoyningen-Huene, no interrogatório de 1947 conduzido por Kempner, afirma que conhecia Canaris e que por ele foi agraciado com uma comenda (Schwertstern), mas nunca lhe teria ouvido nada sobre oposição a Hitler, Kempner responde: «Isso não acredito» ([71]).

Almirante Wilhelm Canaris.

Esta condecoração que recebeu de Canaris mereceu, de resto, uma crítica de Ribbentrop por não a ter expressamente autorizado, facto que teria originado uma circular que o AA enviou posteriormente

---

([71]) Bundesarchiv Bild 146-1979-013-43,Wilhelm Canaris.

A RELAÇÃO DE VON HOYNINGEN-HUENE COM O ALMIRANTE CANARIS

a todas as representações diplomáticas proibindo os diplomatas de serem agraciados sem prévia autorização do ministro dos Negócios Estrangeiros.

O embaixador Henrique Viana, na altura chefe do protocolo, elaborou uma informação para Salazar, a 6 de junho de 1942, onde afirma que, segundo «lhe constou», na Embaixada de Inglaterra, o almirante Canaris veio a Lisboa, a 26 de maio, com um passaporte oficial, mas com um nome falso. Canaris viera a Lisboa como «delegado da Reichswehr», para se avistar com elementos aliados e elaborar uma avaliação da possibilidade de fazer um acordo de paz que evitasse uma guerra altamente destruidora para todos.

Embora não seja referido, julgamos legítimo pensar que o encontro, a ter tido lugar, poderia ter ocorrido com o seu homólogo britânico, o general Menzies, chefe da MI6.

Na sua informação — que contém diversos comentários/despachos manuscritos de Salazar —, Viana acrescenta que Portugal dera um visto, num passaporte oficial, naquela data, a um correio diplomático especial com nome desconhecido e sublinha que não deixa de ser curioso que naqueles dias a cotação da libra e do dólar tenham subido consideravelmente ([72]).

Noutra informação do mesmo dia, o embaixador Henrique Viana transmite a Salazar o seguinte quadro, que afasta um cenário de paz antecipada e antevê outro de Pós-guerra, e cito:

> Quando o ministro Eden esteve em Moscovo, os sovietes mantinham-se intransigentes nas suas pretensões territoriais. Pretendiam os Estados Bálticos, a Buscovina [sic], portos romanos e búlgaros, além de parte da Polónia que já possuem, depois de a terem atacado com os alemães. Foram estas pretensões que impediram a declaração de princípio sobre as intenções aliadas acerca da Europa pós-guerra. O presidente da Polónia partiu para Washington, e desde então chegou-se a um acordo entre os aliados que os russos assignaram, a instâncias e

---

([72]) ANTT, AOS/CO/NE 2 Cx 417 Pt 56.

pressões americanas. Desse acordo resulta o status quo ante guerra, sendo restabelecidas as fronteiras de 1939, o direito de as nações disporem de si próprias e até direitos individuais, o que se torna muito interessante pelo que diz respeito à Rússia — direito de opinião, crenças, etc. [sic]

9.

O *Lisbon Report*

Conhecemos hoje, através de uma vasta literatura, o papel desempenhado pelas capitais de três países neutros durante a Segunda Guerra Mundial — Portugal, Suécia e Suíça — no que respeita ao tráfego de *intelligence* entre os dois campos beligerantes. Lisboa reunia as características de ser capital de um país gerido por um governo fascizante, ideologicamente mais próximo de Mussolini e de Pétain do que de Hitler, mas em simultâneo o mais velho aliado da Inglaterra e cuja história é demonstrativa desse relacionamento. Como todos os relacionamentos demasiado íntimos, teve os seus momentos positivos e vários negativos, que deixaram algumas marcas.

Todas estas circunstâncias tiveram uma função nos acontecimentos que permitiram o desenrolar de uma neutralidade complexa, mas que constituía uma janela privilegiada para ambos os protagonistas da guerra.

O general Stewart Menzies, patrão do SIS — MI6 (serviços secretos britânicos), de 1939 a 1952, desempenhou múltiplos e importantes papéis a partir da capital portuguesa.

Vários «relatórios» secretos sobre alguns dos mais decisivos acontecimentos da guerra passaram de mãos, via Lisboa, durante o conflito.

A partir de certa altura, um dos mais candentes temas, que correspondia também a um receio fundado dos aliados, particularmente dos britânicos, era o fabrico de armas secretas alemãs. Simultaneamente, o anúncio encapotado posto a correr sobre esse facto constituía uma importante arma de propaganda nazi — *as armas secretas dos alemães*.

Umas seriam fabricadas em lugares subterrâneos em montanhas de difícil acesso, outras em Peenemuende, uma ilha alemã na costa do Báltico.

É interessante notar que o primeiro reconhecimento desta base secreta alemã se deveu à fotografia aérea de uma piloto-aviadora da RAF, a jovem Constance Babington-Smith, em 1943.

Constance Babington-Smith.

O primeiro grande ataque alemão, a Londres, usando a primeira versão da arma secreta V-1 (*Vergeltungswaffe*), deu-se no dia 13 de junho de 1944, sete dias depois do ataque à Normandia. Durante oito dias, a uma média de 100 V-1 cada 24 horas, estes primeiros mísseis teleguiados provocaram enormes destruições.

A 8 de setembro do mesmo ano, ocorreu um segundo ataque com a versão V-2, ao qual se seguiram cerca de 1200 novos ataques durante seis meses.

O *LISBON REPORT*

A nova V-2 era a percursora dos atuais ICBM (Intercontinental Ballistic Missiles). A V-2 tinha a caraterística de não ser vulnerável a qualquer defesa antiaérea, dada a altitude a que voava.

O chamado *Lisbon Report* teria sido entregue por um elemento da *Schwarze Kapelle* em Lisboa a Stewart Menzies, prevendo um ataque a 20 de outubro de 1944 à base de Peenemuende.

Em simultâneo, previa-se um encontro, possivelmente em Lisboa, terreno neutro, entre o próprio, Menzies e a resistência alemã, para discutir uma possível paz entre a Inglaterra e a Alemanha. Este convite, segundo alguns, viria de Canaris, e von Hoyningen-Huene estaria nele envolvido. Embora Menzies estivesse disposto a correr o risco, Anthony Eden foi contra, pois admitia que este passo poderia provocar uma forte reação negativa russa, que nisto antevia um esquema de uma paz separada com a Alemanha.

O conteúdo deste *Lisbon Report* teria sido considerado a maior traição possível ao III Reich [73].

A 22 de setembro de 1944, o Foreign Office, em ofício confidencial dirigido ao nosso embaixador em Londres, o então duque de Palmela, pede urgentemente o maior segredo sobre os efeitos da nova arma alemã, «muito piores do que as bombas voadoras» [sic] [74].

---

[73] Sobre este assunto, ver, entre outros: Anthony Cave Brown, *La guerre secrète*, vol. I, e Coronel Roy Stanley da RAF, *Weapons Hunt: Defeating German Secret Weapons*, e Irene Flunser Pimentel, *Espiões em Portugal durante a Segunda Guerra Mundial*.

[74] AHD, GSG-M6-P7, ofício inglês: w 13643/2425/G.

10.
Como encarou a sua carreira de representante do III Reich em Portugal — o ídolo Salazar. Observador atento mas prudente dos movimentos do duque de Windsor em Portugal. O papel de Ricardo Espírito Santo

Ao lermos os seus vários escritos, telegramas e informações, assim como respostas aos interrogatórios no âmbito do Tribunal de Nuremberga, a seguir à guerra, verificamos que uma das caraterísticas de von Hoyningen-Huene era a extrema prudência com que abordava as questões fundamentais que se punham a um representante do III Reich num país neutro, cuja natureza política era antidemocrática e fascizante, que não praticava o antissemitismo e que simultaneamente era o mais velho aliado da Grã-Bretanha.

Filho de uma mãe inglesa e membro tardio do partido nazi — iniciou aqui funções não sendo membro do partido, como vimos —, Hoyningen-Huene não se mostra antissemita, ideologicamente e na prática, e é amigo de Canaris, pelo que tudo leva a crer que, em certos momentos, teria acreditado nas vantagens de uma paz antecipada com a Inglaterra.

A 20 de julho de 1942, o embaixador Henrique Viana, numa informação muito secreta, «escripta por mim à máquina» [sic] para Salazar, refere uma conversa com um alemão, que até agora não podemos identificar:

[...] personalidade estrangeira cujas informações já tenho tido a honra de levar ao conhecimento de Vexa. contou-me, sob a maior reserva, que o que se segue largamente justifica uma conversa tida há dias com o ministro da Alemanha. O ministro que o mandara chamar perguntou-lhe:

P — Você que está em contacto com os ingleses, que pensa sobre a possibilidade de paz?

R — Como é possível uma paz quando a luta que para a Inglaterra pode ser uma luta de interesses, mas que para a América é uma luta de ideologias; por isso nada há a esperar enquanto a Alemanha não abandonar o nazismo;

P — Sim, mas dado os acontecimentos — a marcha da guerra — a Reichswehr nunca poderia afastar o Führer;

R — Se você assim pensa porque tem interesse em saber o que pensam os ingleses, tem algumas instruções ou deseja sabê-lo apenas a título documentário [sic]?

P — É com efeito a título documentário, mas também porque penso que os ingleses, se são inteligentes, devem compreender que a guerra a continuar é o fim da civilização;

P — [...], mas não vê você o triunfo pleno da Alemanha?

R — A Alemanha não pode vencer a Rússia, pode chegar até ao mar Cáspio, ameaçar o Iraque e a Pérsia, mas não pode ir mais longe e com os polacos, também está em contacto?

— Certamente... observa o inquiridor, e Hoyningen-Huene pergunta:

— Estimaria também saber o que eles pensam a respeito de um entendimento para a paz? O inquiridor adianta:

— Dou-me bem com o ministro da Polónia, podia-lhe falar ou ao Conde de Szembeck (?), antigo Secretário-geral do Ministério dos Negócios Estrangeiros e que se encontra no Estoril. Hoyningen--Huene responde:

R — Pois então fale antes ao Szembeck; se a providencia nos colocou aos dois num paíz neutral e n'aquelle que mais adaptado seria para tratar deste assunto, não o devemos desprezar. [sic] ([75])

([75]) ANTT, AOS/CO/NE 2 Cx 417 pt 41.

COMO ENCAROU A SUA CARREIRA DE REPRESENTANTE DO III REICH

Este texto, apesar do seu estilo complexo, parece muito esclarecedor quanto à convicção íntima de Hoyningen-Huene, às suas relações com elementos da oposição interna alemã a Hitler e à prudência com que muito habilmente desempenhava as suas funções diplomáticas.

Foi certamente por isso que — como ele próprio sublinha — preferiu enfatizar os aspetos culturais da Alemanha, na música, na literatura, entre outros domínios, mais do que dedicar-se à propaganda política. Mas, se é um facto que a legação promoveu largamente concertos, a vinda de grandes maestros e orquestras alemãs, não é menos verdade que também participou grandemente em certas manifestações bem políticas, que procura, depois de 1945, minimizar ([76]).

Membro de uma velha nobreza alemã, por natureza anti-hitleriana, mas também antidemocrática, anticomunista e antirrepublicana, encontra em Salazar, mais do que um aliado, um amigo.

Ele próprio sublinhou claramente a Ribbentrop a sua amizade com Salazar, mal chegou à Alemanha e se encontrou com aquele, quando perde a confiança política do III Reich depois do atentado falhado contra Hitler, em 1944, e é chamado de urgência a Berlim sem voltar ao posto, onde deixa a mulher, certamente por temer o que lhes poderia acontecer na Alemanha.

A sua admiração por Salazar e a maneira como chegou a exprimi-la raia quase o ridículo, quando afirma: «Esta grande figura, esperta e limpa, era única. Disse várias vezes sobre Salazar: ele celebra, como um sacerdote, a missa no altar da sua pátria» ([77]). E acrescenta, neste seu elogio, que embora Salazar desconhecesse completamente a Alemanha, fosse muito latino e um católico estrito, ambos conseguiram — sem nunca terem dialogado fora do ambiente oficial da sua mesa de trabalho — estabelecer uma relação de grande confiança mútua e mesmo de amizade.

Hoyningen-Huene é agraciado com a Grã-Cruz da Ordem de Cristo a 9 de maio de 1937, e a mulher, a 30 de janeiro, com a Ordem

---

([76]) Memorando, julho de 1945.
([77]) Memorando, julho de 1945.

de Benemerência da Cruz Vermelha. Verificamos nas fotografias da imprensa portuguesa, por ocasião da parada comemorativa da descoberta do Brasil, que Hoyningen-Huene aparece num grupo junto a Salazar, com Carmona e o ministro da Marinha.

A 11 de agosto de 1947, durante o seu interrogatório por Kempner, Hoyningen-Huene dirá também que Salazar estava mais próximo dele do que do ministro do Japão e que «acreditava nele» e assim pôde contribuir para evitar que Portugal viesse a perder a situação de neutralidade em relação ao Japão (certamente por ocasião da tomada de Timor) [78].

Ribbentrop teria mesmo afirmado, segundo Hoyningen-Huene, que Salazar dispunha, assim, de dois ministros plenipotenciários, um em Berlim e outro em Lisboa.

Sem descurar, obviamente, a defesa da Alemanha em várias frentes, aposta particularmente na vertente cultural: a defesa da grande nação da cultura na Europa. Mas nunca pode esquecer, na sua atividade profissional, os esbirros da SD da Gestapo, que dentro e fora da legação o observam.

Um dos problemas que preocuparam a legação alemã e de que Hoyningen-Huene fazia moderadamente eco através de queixas e protestos junto das Necessidades dizia respeito à imprensa portuguesa, tanto da capital como da província. O ministro queixava-se — por vezes sob a forma de «protesto enérgico» — de que a censura não deixava passar fotografias relativas às vitórias alemãs em prol das notícias relativas a França ou a Inglaterra.

A legação alemã chegou mesmo a protestar que tivéssemos autorizado a exibição do filme *Captured*, em 1934.

Trata-se de uma típica troca de correspondência entre governos de duas ditaduras, onde a liberdade de imprensa não fazia parte das regras de jogo.

O Ministério dos Estrangeiros levava o caso suficientemente a sério para se dirigir, por escrito, ao Ministério do Interior pedindo

---

[78] Ifz, ZS-0734-1, Archiv.

«que o assunto fosse levado com urgência ao conhecimento do ministro», que, por sua vez, solicitava explicações à censura. Esta enviava estatísticas das citações dos principais jornais de Lisboa da DNB em comparação com outras agências, procurando mostrar que a legação alemã não tinha razão. Um dos jornais mais atacados pelos alemães era o *Diário de Lisboa* ([79]).

Registam-se reações semelhantes por parte da Embaixada de Inglaterra em Lisboa, que, por seu lado, via especialmente no jornal *O Século* uma clara propaganda pró-hitleriana ([80]).

Hoyningen-Huene afirma que procurou, na sua missão diplomática, ser representante da Alemanha e não do partido nacional-socialista que a governava, pois também assim pensava ajudar Salazar a manter a neutralidade que escolhera para o seu país.

Não deixa de parecer querer realizar o impossível, dado que Adolfo Hitler era o chefe de Estado, que ele devia representar, e simultaneamente o chefe do partido. A tese no III Reich era a de que a pátria e o partido se identificavam.

*

O mistério do possível rapto dos duques de Windsor pelos alemães, durante as suas estadas em Espanha e no Estoril, constitui matéria que deu origem a vários romances.

Trata-se da rocambolesca história, imaginada por Hitler, e que Ribbentrop entusiasticamente teria procurado por em prática, numa de duas versões.

Aproveitando as ideias, atribuídas ao duque de Windsor, de «simpatia» por uma solução pacífica entre a Alemanha e a Grã-Bretanha, contrária à política de Churchill e defendida pelo rei Jorge VI, o duque poderia ser feito rei pelo próprio Führer ou, numa segunda versão,

---

[79] ANTT, AS, NE-2, cx 417, 26 a 36.
[80] *Vide* cap. 1.2 A paciência britânica é posta à prova; de *O segredo da Rua do Século*, António Louçã e Isabelle Paccaud, Fim de Século, 2007.

Os duques de Windsor no Estoril.

Duques de Windsor cumprimentam Hitler em Berlim, em 1937.

deveria empenhar-se numa solução pacífica, contra a recompensa de uma vida regalada na Suíça, onde, segundo as memórias de Schellenberg, o III Reich depositaria à sua ordem 50 milhões de francos suíços ([81]).

William Shirer dá o facto como confirmado, não obstante o próprio duque de Windsor, em 1957, ter desmentido a quase totalidade do enredo. Shirer baseia-se num documento secreto de Himmler (*die Sonderfahndungsliste, GB*), encontrado depois da guerra entre os seus papéis e nas memórias de Schellenberg.

Irene Flunser Pimentel, no seu livro sobre os espiões em Portugal durante a Segunda Guerra Mundial, não só refere estes factos, como os aceita como verdadeiros.

Também com recurso a muitas fontes, Michael Bloch, no seu livro *Operation Willi*, constrói uma história que parece francamente admissível.

([81]) William Shirer, *Le Troisième Reich — des origines à la chute*, Paris, Stock, 1961 (vol. II).

É evidente que a fotografia de 1937, largamente difundida, do duque com Hitler em Obersalzberg, na presença do famoso Dr. Ley, juntamente com a questão romântica do amor do duque pela sua mulher e do seu banimento da corte, ajudaram à criação de grande número de tramas novelescas.

Admitindo que algum enredo historicamente verdadeiro exista neste *complot*, todos os autores que se ocupam deste caso referem como principais atores o embaixador da Alemanha em Madrid, von Stohrer; o agente secreto, Walter Schellenberg, que, segundo as suas memórias teria sido encarregado do rapto; e, em menor grau, o cauteloso e prudente ministro da Alemanha em Lisboa, von Hoyningen--Huene, em conjunto com o seu amigo Ricardo Espírito Santo Silva, em casa de quem os duques estiveram instalados, em Cascais, durante o mês de julho de 1941.

Quanto ao objeto do nosso livro — as atividades de von Hoyningen--Huene —, parece evidente que, a avaliar por algumas das suas comunicações para o AA, este não foi um protagonista, como o seu colega em Madrid, mas estava atento aos movimentos dos duques em Portugal e particularmente na sua partida para as Bahamas, lugar onde fora nomeado como governador pelo governo inglês.

Como se sabe, vieram a Portugal dois enviados de Espanha contactar os duques, além do alemão Schellenberg. Hoyningen--Huene transmite a seguinte mensagem para o AA, a 10 de julho:

> espanhóis ligados ao Duque de Windsor, durante uma visita à legação, disseram na mais estrita confidencialidade, que a nomeação do Duque como Governador das Bahamas tem o objetivo de o manter afastado da Inglaterra, pois o seu regresso encorajaria a posição dos ingleses que favorecem a paz, pelo que a sua prisão pelos seus inimigos seria de esperar. O Duque espera adiar o mais possível a sua partida para as Bahamas, pelo menos até agosto, na esperança de uma mudança da situação a seu favor. Está convencido que se tivesse ficado no trono, a guerra poderia ter sido evitada e afirma-se como um defensor de um

compromisso pacífico com a Alemanha. O Duque está convencido que fortes bombardeamentos levarão a Inglaterra a aceitar a paz ([82]).

Um dos enviados de Madrid que estiveram com o duque foi Miguel Primo de Rivera, chefe da Falange franquista. Não sabemos, pois, qual o critério de seriedade que devemos atribuir às afirmações dos espanhóis não identificados da mensagem de von Hoyningen--Huene.

Do telegrama ultrassecreto que Ribbentrop envia a 31 de julho de 1940 a von Hoyningen-Huene — de que Michael Bloch, no seu livro *Operation Willi*, publica uma tradução inglesa, em que Ribbentrop falaria de Ricardo Espírito Santo como «agente alemão», o que não coincide com o documento original — podem deduzir-se inequivocamente três conclusões:

a) Ribbentrop pede ao ministro alemão que, na maior das confidências, fale a Ricardo Espírito Santo, seu amigo e «homem da nossa confiança» (*Vertrauensmann*), e procure a todo o custo impedir que o duque de Windsor vá para as Bahamas, onde Churchill o quer manter, e informa que a Alemanha se dispõe, para conseguir uma paz com a Inglaterra, a satisfazer qualquer desejo do duque ou da mulher.

No caso de o duque acabar por ir para as Bahamas, pergunta se estaria disposto a manter um diálogo com a Alemanha através de Ricardo Espírito Santo. Pede a Hoyningen-Huene que, se houver a menor indiscrição, negue totalmente o teor desta mensagem e mantenha este telegrama bem guardado.

Em suma, o interesse de Ribbentrop na pessoa do duque de Windsor parece indiscutível.

b) A figura de Hoyningen-Huene surge apenas como elemento verdadeiramente ativo nos dias finais, melhor, na véspera da partida do

---

([82]) Apud Michael Bloch: Arquivo AA-B15/B002549(CGD/X/152) Nr 661 de 10.07.1940.

duque, pois toda a atividade se passara ([83]) em Espanha e em Portugal através do agente secreto alemão Schellenber.

c) As relações de grande amizade entre Ricardo Espírito Santo e von Hoyningen-Huene surgem aqui como inequívocas. A confiança que a Alemanha punha na pessoa de Espírito Santo era total.

([83]) AA-B15/B002617-8 (GD D/X/265).

11.

A saída abrupta de von Hoyningen-Huene de Lisboa, por lhe ter sido retirada a confiança política. A recusa portuguesa de conceder *agrément* a um sucessor proposto

Pouco depois do famoso atentado falhado de 20 de julho de 1944 contra Adolfo Hitler, a Operação Valquíria, von Hoyningen-Huene é chamado de urgência a Berlim, por Ribbentrop. Já não voltaria a Lisboa como diplomata.

Hoyningen-Huene talvez não tivesse sido apanhado desprevenido, apesar de dias antes, quando esteve com Salazar, lhe ter dito que esperava voltar em breve.

Num documento não assinado existente na pasta pessoal do nosso então secretário-geral, refere-se um telegrama de Berlim para a legação em Lisboa com o seguinte teor: «Há a intenção de "rappeler" o Sr. ministro von Huene. Peço para consultar o Ministério dos Negócios sobre se o sucessor previsto Sr... receberia o "Agrément".»

Hoyningen-Huene, mal chegou a Berlim, foi recebido por Ribbentrop, que teve com ele uma curta conversa e lhe transmitiu a decisão: «Você fica na Alemanha, não regressará a Lisboa, nem apresentará despedidas oficiais.» O barão retorquiu imediatamente: «Isso é uma verdadeira provocação e uma grosseria para com Salazar, com quem tenho excelentes relações.» Ribbentrop mostrou-se pouco impressionado.

Von Hoyningen-Huene deixa a sua mulher em Portugal e fica com residência estabelecida no Schloss Langenstein. Com efeito, o seu nome não consta dos acusados do Processo Wilhelmstrasse — dos diplomatas do III Reich —, que se constituiu, a dada altura, como processo autónomo do Tribunal de Nuremberga.

Ao responder a um interrogatório que lhe faz o Deputy Chief of Counsel, Robert Kempner, num dos Processos de Nuremberga, a 11 de agosto de 1947, sobre o que faz a mulher em Portugal, limita-se a responder: «vive no Estoril e dedica-se à pintura.»

Nessa altura, de resto, diz ao seu inquiridor, R. Kempner, que gostaria de regressar a Portugal para junto da mulher, Gudrun von Borsig, e aqui trabalhar para uma empresa francesa que lhe oferecera trabalho, o que veio a acontecer ([84]).

A 14 de novembro de 1944, o conselheiro da embaixada, na altura encarregado de negócios, Helmuth von Dietmar, foi recebido por Teixeira de Sampayo. Teixeira de Sampayo, secretário-geral do Ministério dos Negócios Estrangeiros, foi, durante a guerra, o verdadeiro ministro, em termos operacionais. Convém lembrar que Salazar assumiu a pasta dos Negócios Estrangeiros, em acumulação com a de primeiro-ministro, de 6 de novembro de 1936 até 5 de fevereiro de 1947.

Helmuth von Dietmar chegou a Lisboa em 1939 e aqui permaneceu até 1944, quase sempre como número dois de Hoyningen-Huene. Passou a número três, em 1943, ficando Walter Weber como número dois, mas regressou depois, como em inglês se diz, como Deputy Chief of Mission.

O objetivo da diligência de von Dietmar era conhecer as razões pelas quais Portugal havia procedido à expulsão de muitos alemães de Moçambique.

Sampayo disse, habilmente, tratar-se de um assunto que ele desconhecia, mas talvez fossem pessoas politicamente militantes,

---

([84]) Ifz, ZS-734-1, Archiv 1948/56.

o que, em diplomacia, era sempre um grave erro. Acrescentou que, infelizmente, haviam afastado von Hoyningen-Huene, «que aqui sempre soube guardar as equidistâncias entre partidos ou agrupamentos políticos», e continuou, aproveitando a situação, para dizer que, por isso, «compreenderia alguma hesitação na resposta a dar» por Portugal «quanto ao Agrément do sucessor proposto, cujo "engagement" político era conhecido» (tratava-se de von Bibra).

O *agrément* fora pedido formalmente por nota verbal da legação alemã de 29 de outubro de 1944.

Von Dietmar «franziu o sobrolho» e replicou «mais du parti sommes nous tous!». Sampayo limitou-se a comentar: «sem dúvida, refiro-me apenas à actividade externa e de modo algum às convicções.»

Assim terminou a conversa entre ambos [85].

A recusa verbal da concessão de *agrément* está em conformidade total com as práticas diplomáticas, pois assim como nunca se deve pedir por escrito um *agrément* sem se ter a certeza de que este é aceite, também a recusa nunca é, segundo as normas, dada por escrito. Este procedimento da legação alemã em Lisboa parece pouco normal.

Embora na lista diplomática de 1945, do Ministério dos Negócios Estrangeiros português, a página relativa à Alemanha esteja em branco, houve, por muito pouco tempo, um tal Gustav von Halem [86] a chefiar a missão diplomática.

Por um lado, numa entrevista com o famoso opositor ativo do AA contra Hitler, Botho von Wussow, constante dos arquivos do Institut fur Zeitgeschichte (Ifz) de 27 de junho de 1970, este refere que «fora nomeado um tal senhor von Halem, que esteve muito pouco tempo, pois tudo estava no fim.»

O chefe dos SD-Gestapo, em Portugal, o tal Schroeder, teve conversas com von Halem em Lisboa depois da saída de von Hoyningen--Huene [87].

---

[85] AHD, Núcleo Teixeira de Sampayo, V, Apontamento de Conversas, 1944, n.º 2, P6.

[86] Convém não confundir com outro Halem, que foi amigo e condiscípulo de von Wustow, da oposição.

[87] Irene Flunser Pimentel, *op. cit.*

**Deutsche Gesandtschaft
Lissabon**

    Die Deutsche Gesandtschaft beehrt sich im Auftrage ihrer Regierung mitzuteilen, dass beabsichtigt ist, den Deutschen Gesandten Baron Hoyningen-Huene zwecks anderweitiger Verwendung abzuberufen und als Nachfolger den 1.Botschaftsrat der Deutschen Botschaft in Madrid, Herrn Gesandten erster Klasse Sigismund Freiherrn von Bibra, als ausserordentlichen Gesandten und bevollmächtigten Minister nach Portugal zu entsenden.
    Die Deutsche Gesandtschaft beehrt sich hiermit im Auftrage ihrer Regierung das Agrément zu erbitten.
    Sie teilt hierzu folgende Personalangaben mit:
Sigismund Freiherr von Bibra wurde am 3.Juni 1894 geboren und trat Ende 1922 in den Auswärtigen Dienst als Attaché ein; in den Jahren 1923 bis 1943 erfolgte seine Verwendung im Auswärtigen Amt und bei den Gesandtschaften in Rio de Janeiro, Prag und Bern. Seit März 1943 ist Freiherr von Bibra als Gesandter erster Klasse erster Botschaftsrat der Deutschen Botschaft in Madrid. Er ist verheiratet mit Irmela von Langenn-Steinkeller.
    Lissabon, den 29. Oktober 1944

Nota verbal da legação alemã pedindo o *agrément* para von Bibra.

A SAÍDA ABRUPTA DE VON HOYNINGEN-HUENE DE LISBOA

**Deutsche Gesandtschaft
Lissabon**

    A Legação da Alemanha tem a honra de comunicar por ordem do seu Govêrno, que se tenciona chamar o Ministro da Alemanha, Barão Hoyningen-Huene, do seu posto actual para empregá-lo noutro lugar, e designar como seu sucessor e enviado extraordinário e Ministro Plenipotenciário em Portugal, o primeiro conselheiro da Embaixada da Alemanha em Madrid, Ministro de primeira classe Senhor Sigismund Freiherr von Bibra.

    A Legação da Alemanha tem a honra de solicitar com a presente e por ordem de seu Govêrno, o Agrément.

    A Legação participa as seguintes indicações:
Sigismund Freiherr von Bibra, nasceu em 3 de Junho de 1894 e entrou em fins de 1922 nos serviços do Ministério dos Negócios Estrangeiros, na qualidade de adido. De 1923 a 1943 ocupou vários postos no referido Ministério e junto das Legações em Rio de Janeiro, Praga e Berna. Desde Março de 1943 encontra-se o Senhor Freiherr von Bibra junto da Embaixada da Alemanha, em Madrid, na qualidade de Ministro de primeira classe, desempenhando as funções de primeiro conselheiro. Está casado com D Irmela von Langenn-Steinkeller.

                   Lisboa, 29 de Outubro de 1944

Helmuth von Dietmar.

A nossa legação em Berlim, a quem, secretamente, Lisboa pediu informações, foi muito clara, dizendo mesmo que as razões da recusa eram já esperadas em Berlim. Aconselha a que a mesma tenha um carácter geral, pois, por um lado, na nossa situação de neutralidade, a nomeação de um novo ministro do Reich poderia afetar as relações com «o mais velho aliado» [sic] e, por outro, desaconselha de todo dar o *agrément* a von Bibra, sobre cuja atividade em postos anteriores, como Brasil, Praga, Suíça e Espanha, descreve vários fatores negativos.

Adianta, na sua informação, que o novo ministro alemão será «sempre alguém destinado a dirigir a "radicalização" da política alemã em Portugal e "depurar o pessoal da legação"» [88].

Foi pena que Teixeira de Sampayo não soubesse na altura que, como já aludimos, von Hoyningen-Huene iniciara as suas funções

---

[88] ÁHD, Núcleo Teixeira de Sapayo, Maço 6.

diplomáticas em Lisboa sem ser membro do partido. Só veio a filiar-se a 1 de setembro de 1939, constando no cartão de adesão ao NSDAP a morada de Lisboa. Filiou-se quando começou a guerra [89].

Há circunstâncias que podem levar a crer que von Hoyningen--Huene manteria contactos com Salazar, mesmo depois de ter sido afastado da sua atividade diplomática. Com efeito, durante o interrogatório já referido, em 1947, quando lhe perguntaram qual a sua opinião sobre o tal Bibra, respondeu de imediato que o Sr. Bibra era um nazi e acrescentou «que o seu amigo Salazar» achou por bem não lhe conceder o *agrément*.

Algumas obras referem a atuação de von Halem em Lisboa, em 1944, ligado aos serviços de espionagem nazi. Convém, porém, recordar que von Hoyningen-Huene deixou Portugal nesse mesmo ano e que, quando instado a responder, durante o interrogatório de 1947, sobre a ação daquele no caso do judeu Jacob Bernhard, von Hoyningen-Huene foi perentório em dizer que só soube do caso pela imprensa internacional, através de um artigo de um senhor Levy, e que o seu nome não era referido, mas sim o de Halem. Acrescentou que todos os processos daquele género passavam pela representação em Madrid e não por Lisboa [90].

11.1. Uma entrega quase clandestina e misteriosa de credenciais de Gustav von Halem, na presença de Salazar, poucos dias antes do fim da guerra, e a longa e misteriosa conversa entre von Halem e Salazar

A 13 de janeiro de 1945, a legação alemã insiste com novo pedido de *agrément*, desta vez para o referido von Halem, que nunca chegou também a constar dos diplomatas acreditados em Lisboa. Nos arquivos do protocolo do Ministério dos Negócios Estrangeiros não encontramos a sua eventual apresentação de credenciais, embora

---

[89] Bundesarchiv Deutschland, BA(ehem BDC)NSDAP-Gaukarten.
[90] ZS – 734 – 1, IfZ 1948/56.

**Deutsche Gesandtschaft
Lissabon**

> Die Deutsche Gesandtschaft beehrt sich im Auftrag ihrer
> Regierung mitzuteilen, dass beabsichtigt ist, den derzeitigen
> Ersten Botschaftsrat der Deutschen Botschaft in Italien,
> Gesandten von Halem als Nachfolger des Gesandten Baron
> Hoyningen-Huene nach Portugal zu entsenden.
> Die Deutsche Gesandtschaft beehrt sich hiermit im Auftrag
> ihrer Regierung das Agrément zu erbitten.
> Sie teilt hierzu folgende Personalangaben mit:
> Gustav Adolf von Halem wurde am 4. November 1899 geboren und
> trat 1926 in den Auswärtigen Dienst als Attaché ein; von
> 1926 bis 1944 erfolgte seine Beschäftigung im Auswärtigen
> Amt und bei den deutschen Auslandsvertretungen in London,
> Memel, Prag und Mailand.
> Seit Oktober 1944 ist Herr von Halem als Generalkonsul
> erster Klasse mit der Amtsbezeichnung Gesandter der Deutschen
> Botschaft in Italien zugeteilt. Er ist verheiratet mit Freiin
> von Dörnberg und hat 3 Kinder.
>
> Lissabon, den 13. Januar 1945
>
> *von Halem*

Nota verbal da legação alemã pedindo o *agrément* para von Halem.

alguns autores e o próprio von Hoyningen-Huene refiram a que von Halem tenha chegado a estar em Lisboa como seu sucessor.

Embora nos arquivos do protocolo do Ministério dos Negócios Estrangeiros de Lisboa nada conste sobre a acreditação do sr. von Halem, existe uma nota do secretário-geral, Teixeira de Sampaio, com o cabeçalho «Gabinete do Secretário-geral» riscado à mão a lápis, onde se lê que Gustav von Halem entregou credenciais a 18 de abril de 1945, ao presidente da República, Óscar Carmona, na presença de Oliveira Salazar, com quem teve, depois da cerimónia, uma longa conversa[91].

É realmente estranho que von Halem tenha entregado credenciais numa cerimónia semiclandestina, doze dias antes de Hitler se ter suicidado.

Qual a razão pela qual Salazar resolveu conceder *agrément* e aceitar credenciais de um homem cujo passado era bem conhecido, tendo recusado o pedido anterior para outro? Ainda hoje não encontrámos uma explicação plausível. Essa razão talvez esteja na longa conversa a sós que ambos tiveram, por ocasião da entrega de credenciais e da qual não encontrámos qualquer documento escrito. Estranha conversa! Só podemos imaginar que a figura de von Halem representasse, naquela altura, algo de particularmente importante para Salazar.

As relações de Halem com von Hoyningen-Huene não eram boas, como se depreende do modo como este se refere ao seu sucessor.

Sob o ponto de vista da sua carreira diplomática, que foi mais consular do que diplomática, não se justificava a atitude de Salazar. Pensamos que Gustav Adolph von Halem teve como posto mais elevado o de cônsul-geral em Milão.

Em termos políticos, seria francamente ainda menos aconselhável. Era membro das SS desde 1935, onde chegou a um posto de comando, e era membro do partido.

Segundo von Hoyningen-Huene, durante a audição no âmbito de Nuremberga, o seu nome teria ficado ligado ao rapto de um judeu em Portugal.

---

[91] ANTT, AOS/CO/NE 2 Cx.417, pt 57.

Curiosamente, depois de um internamento levado a cabo pelos americanos, vemo-lo retomar uma vida de empresário, na Alemanha, a partir de 1947, e mais tarde ligado à indústria cinematográfica, numa *Deutscher Filmverleih GmbH*.

Admitimos que von Halem contribuiu para que Salazar tenha ordenado luto nacional, com todas as bandeiras a meia haste, pela morte do Führer Adolfo Hitler.

Recordo, com os meus nove anos, ter acompanhado o meu pai — convicto germanófilo — à missa que foi celebrada na capela alemã pelo padre Wurzer, cuja homilia foi de poucas palavras: «Unser Fuehrer ist tot, lass uns beten» (O Führer morreu, oremos).

Como veremos noutro capítulo, tudo isto explica muito acerca das frases proferidas pelo interrogador e por von Hoyningen-Huene, no processo de Nuremberga, durante o interrogatório de 1947:

> Kempner: Você sabe que não faz parte dos acusados, pelo que pode falar à vontade;
>
> Von Hoyningen-Huene: Não quero proteger os nacional-socialistas, eles «puseram-me fora» em agosto de 1944 ([92]).

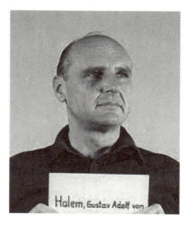

Fotografia de von Halem, dos arquivos do Tribunal de Nurenberga.

([92]) Ifz, zs-734-1, Archiv – 1948/56.

Convém notar que toda a correspondência confidencial ou secreta entre a nossa legação em Berlim e as Necessidades se processava por mala diplomática, desde que o então ministro português no III Reich, Veiga Simões, informara, a 3 de fevereiro de 1940, que a cifra portuguesa fora «furada pelos alemães».

11.2. Como a *intelligence* militar norte-americana avaliou von Hoyningen-Huene, segundo um relatório secreto dos Serviços de Informação do VI Grupo Armado, de 20 de maio de 1945

Antes dos interrogatórios de 1947, no âmbito do processo de Nuremberga, que referimos neste livro, os serviços de informações do Sexto Grupo do Exército Norte-Americano — que entre outras atividades se ocupava de *intelligence* militar — procedeu a um longo interrogatório de von Hoyningen-Huene, a 2 de outubro de 1945, em Constança, na chamada Waldhaus Jakob.

Com base neste interrogatório, foi elaborado um relatório de oito páginas sobre Hoyningen-Huene e a sua atividade diplomática em Lisboa, uma cópia do qual me foi gentilmente cedida pelo Professor Doutor Bernardo Herold, juntamente com mais documentação ([93]).

O longo relatório divide-se nas seguintes partes, e iremos resumi-lo:

1 — Impressão geral; 2— Linhas políticas seguidas pela sua legação; 3 — Relações com o Ministério dos Negócios Estrangeiros alemão; 4 — Relações com o partido; 5 — A AO em Portugal; 6 — A autoridade do chefe da missão diplomática sobre o partido; 7 — Operações de polícia e de *intelligence;* 8 — Propaganda;

([93]) State Department – PL-(GPA) 1-12-50, gentilmente cedido pelo Professor Doutor Bernardo Harold.

9 — A AGE e o comércio de volfrâmio; 10 — Atitude da legação face ao desfecho da guerra; 11 — Chamada do ministro a Berlim.

1 — *Impressão geral* — Hoyningen-Huene encontrava-se na Waldhaus Jakob sob custódia das autoridades francesas. Pareceu aos inquiridores poderem considerá-lo um homem de princípios e de boa-fé, disposto a falar sobre a sua atividade em Portugal. Dentro da burocracia do III Reich, este considerava-se obrigado a cumprir as instruções dos chefes, mesmo quando não estava de acordo com elas. Do facto de cumprir as suas obrigações de acordo com os padrões tradicionais não se podia concluir que fosse nazi.

Embora considere que os nazis tudo fizeram para desacreditar a Alemanha, continuava a acreditar na existência de «uma Alemanha limpa e boa», e foi essa que procurou representar no estrangeiro.

2 — *Linhas políticas seguidas pela sua legação* — O governo alemão pouco ou nada conhecia do pequeno país chamado Portugal. Procurou inverter a situação e, ano após ano, conseguiu aumentar as relações culturais entre ambas as nações, procurando despertar o interesse no seu país pelas artes portuguesas, através da organização de exposições, tendo em 1943 criado um Instituto Alemão em Portugal. Desta maneira, conquistou «o coração de Salazar» [sic] a fim de poder conseguir alcançar os objetivos políticos da sua missão.

Portugal receava que a Alemanha tivesse ambições quanto aos seus territórios ultramarinos. Não só num discurso em Hamburgo repudiou essa ideia, como o conseguiu que Hitler tivesse oficialmente tomado uma posição para tranquilizar Portugal.

Após o começo da guerra, a sua principal preocupação era ajudar Portugal a manter a neutralidade que adotara. Não foi tarefa fácil, dadas as pressões dos aliados e, por fim, a concessão das facilidades nos Açores, facto que admitiu tê-lo surpreendido, tal como a proibição da exportação de volfrâmio a partir de 1944.

Também o facto de Espanha ter enviado voluntários para a frente russa e Portugal não o ter feito representou uma dificuldade na sua atuação diplomática.

Hoyningen-Huene sublinha a sua ação no sentido de evitar que Portugal tomasse uma atitude antinipónica, depois de o Japão ter ocupado Timor.

Sublinha, igualmente, a sua ação em procurar aproximar Portugal e Espanha, cujas relações, graças às atitudes do então ministro dos Negócios Estrangeiros espanhol — Suner —, se haviam deteriorado. Não deixou de congratular Salazar logo que houve um desanuviamento das relações entre os dois países peninsulares.

3 — *Relações com o Ministério dos Negócios Estrangeiros alemão* — Neste aspeto, Hoyningen-Huene afirma que o ministério alemão nunca deu a Portugal a importância que ele desejava e acrescenta que, antes de ter sido chamado definitivamente a Berlim, nunca lá fora chamado para consultas e nunca tivera uma conversa com Ribbentrop sobre a sua missão em Lisboa.

4 — *Relações com o partido* — Sobre a ida dos diplomatas alemães à reunião anual (Parteitag) do partido, que não era obrigatória, constituía basicamente uma ocasião de encontrar outros colegas para trocar impressões. Diz ter ido ao Parteitag de 1938, mas desconhecer se houve alguma reunião com Ribbentrop. Alude a que a AO também organizava uma reunião em Estugarda, mas que a esta era mais fácil não comparecer.

5 — *A AO (Auslandsorganisation) em Portugal* — Segundo Hoyningen-Huene, poucos elementos da comunidade alemã pertenciam à AO. O seu primeiro chefe foi Claussen, depois Lubbe e, por fim, Pankow.

As discórdias entre a AO e a legação eram quase diárias. Lubbe teria querido lançar um jornal alemão em Portugal, haveria chegado a adquirir uma imprensa e a preparar o primeiro número. A legação opôs-se a esta aventura e evitou a distribuição de material de propaganda pela colónia alemã. As tensões entre essa organização e a legação chegaram ao ponto de o seu chefe máximo, Bohle, ter de intervir oficialmente e colocar o ministro Hoyningen-Huene sob vigilância.

6 — *A autoridade do chefe da missão diplomática sobre o partido* — No início da guerra, os chefes de missões diplomáticas passavam a ter sob a sua alçada todas as atividades do partido e, por isso, se não eram já membros, foram obrigados a filiar-se no NSDAP.

Hoyningen-Huene disse ter proibido o uso de uniformes do partido, preferindo enviá-los para Espanha, e pedido até a destruição dos cartões de membros, pois não queria que houvesse atividades consideradas ofensivas ou uma ingerência nos assuntos internos de Portugal. Esta atitude fora apreciada por Salazar.

7 — *Operações de polícia e de espionagem* (intelligence) — Hoyningen-Huene reconhece que Erich Schröder, enviado pelo Ministério do Interior a fim de tratar com a polícia internacional, foi nomeado na qualidade de colaborador científico, não tendo, assim, figurado na lista do corpo diplomático. Com o mesmo título, a *intelligence* militar ([94]) possuía dois elementos na legação, de nome Karthoff e Khamer [sic].

Segundo Hoyningen-Huene, nenhum destes elementos teria enviado relatórios para Berlim que não passassem previamente pelo seu crivo. Também declarou desconhecer outros agentes da SD que atuassem em Portugal sob a cobertura de «homens de negócios».

8 — *Propaganda* — Embora nunca lhe tivessem concedido um adido cultural, o secretário de legação, Breisky, ocupava-se da distribuição de cartazes e panfletos sobre a vida oficial na Alemanha, designadamente sobre as comunidades religiosas, mas evitando sempre ataques aos inimigos da Alemanha, para não criar problemas à neutralidade portuguesa.

9 — *A AGE (Ausfuhrgemeinschaft Deutscher Kriegswaffen — associação para a exportação alemã de armamento) e o comércio do volfrâmio* — Sobre este assunto, Hoyningen-Huene declarou que à frente desta organização estava o Sr. Eltze, que se ocupava de processar o pagamento do volfrâmio através de equipamento médico,

---

([94]) Dependente do almirante Canaris.

material ótico, máquinas e material de guerra, desde antes do início do confronto mundial. As exportações de volfrâmio para a Alemanha aumentaram até 1944, tendo atingido 1200 a 1500 toneladas por ano. Nesse ano de 1944, todo o negócio de volfrâmio foi proibido.

10 — *A atitude da legação face ao desfecho da guerra* — No início da guerra, o ministro alemão pensou que se tratava de um conflito de curta duração, pois acreditava que a França e a Grã-Bretanha aceitariam fazer uma paz após a queda da Polónia. Uma vez, porém, que os Estados Unidos da América entraram no conflito, Hoyningen-Huene mudou de opinião e admitiu que a Alemanha não poderia aguentar o esforço de guerra.

11 — *Chamada do ministro a Berlim* — Em setembro de 1944, Hoyningen-Huene é subitamente chamado a Berlim, assim como o embaixador em Espanha e o ministro na Suíça, respetivamente, Doeckhoff e Koecher. Foi recebido por Ribbentrop a 17 do mesmo mês, que lhe comunicou tratar-se de uma decisão do próprio Hitler.

Hoyningen-Huene foi enviado para Constância, onde ficou depois sob custódia das autoridades francesas.

Este documento termina afirmando que o próprio responsabiliza pessoalmente Hitler e Ribbentrop por este fim de carreira. Adianta que, depois do atentado de 20 de julho, haviam tomado muitas medidas de precaução e que certamente o facto de o ministro em Lisboa ter muitos conhecimentos fora da Alemanha, de a sua mãe ser inglesa, de ser muito religioso e de poder ter contactos com elementos antinazis ligados às igrejas, e ainda as más informações que sobre ele a AO enviou para Berlim, foram circunstâncias suficientes para compreender a sua chamada «inesperada» e o seu afastamento das funções diplomáticas.

Acrescenta ainda que a primeira escolha alemã para seu sucessor foi von Birka, que, dado o seu passado, não foi aceite pelo governo português, referindo que foi então indigitado von Halen, que não teria sequer tido ocasião de apresentar credenciais.

*

Afigura-se-nos interessante tecer os seguintes comentários sobre este documento:

Parece evidente que nele transparece uma clara simpatia pela personalidade de von Hoyningen-Huene, que lhe foi certamente muito útil na sua libertação em 1947.

Algumas das afirmações do ministro alemão parecem revestir alguma ingenuidade, útil para a tese que procura defender, de grande afastamento em relação ao nazismo e ao governo que finalmente representa em Lisboa, nomeadamente, a questão dos uniformes dos membros do partido.

Também é curiosa a afirmação de que von Halem não tenha apresentado credenciais, pois, segundo documentação que consultámos nos Arquivos Nacionais da Torre do Tombo, existe um relato dessa cerimónia, elaborado pelo então secretário-geral do Ministério dos Negócios Estrangeiros de Portugal.

12.
O caso Botho von Wussow e a inimaginável derradeira proposta alemã de paz com a Grã-Bretanha via Lisboa

Botho von Wussow.

Se Portugal, como país neutro durante a guerra, foi um viveiro de espiões e agentes secretos do III Reich e dos aliados, também foi para os membros da oposição a Hitler um ponto de contacto com os ingleses e norte-americanos, especialmente para a fação que defendia um entendimento com estes em vez de uma aproximação a Estaline ([95]).

Este quadro não tornava fácil o desempenho melindroso do ministro alemão von Hoyningen-Huene.

Desde o início de 1942 que o próprio Ribbentrop pensava enviar Botho von Wussow — de nome completo Johann Georg Ulrich Botho von Wussov — para Lisboa, pois sabia que o embaixador inglês aqui acreditado era primo de sua mulher, Mary Pilcher, inglesa. Se Ribbentrop pensava que isso podia ser uma vantagem para a Alemanha, o grupo opositor de Hitler e ele próprio, que integrava ativamente esse grupo, pensavam o mesmo, mas por razões opostas.

Como Wussow declarou, na aludida entrevista, os seus amigos em Berlim, general Oster, Karl Ludwig Guttenberg e Dohnanyi — todos colaboradores de Canaris, na Abwehr (serviços secretos militares alemães) —, achavam que era muito importante que ele saísse rapidamente da Alemanha, antes que a Gestapo o apanhasse e o obrigasse a revelar as operações previstas pelos opositores de Hitler.

Von Wussow, que nasceu em 1901 em Lüneburg, depois de ter vivido no Chile, serviu em 1936 na Embaixada Alemã em Londres, onde Ribbentrop era embaixador e onde conheceu Mary Pilcher, com quem casou. A seguir à guerra, depois do internamento com muitos outros diplomatas em Neuengamme, regressou ao Chile, em 1947, tendo voltado mais tarde à Alemanha, onde faleceu, em 1971.

O filho de dois anos e meio, porém, deveria ficar na Alemanha como «refém». Só a 12 de novembro de 1942, segundo as fichas do Hotel Atlântico, no Estoril, von Wussow e sua mulher, Mary von Wussow, ali se instalam ([96]).

Mais tarde, passam a viver numa pequena casa ao lado do hotel, chamada Vila Bella. Essa casa, que foi depois, e ainda hoje é, um restaurante, estava rodeada por vizinhos ingleses e norte-americanos,

---

([95]) Grande parte deste trecho baseia-se numa longa entrevista dada por Wussov a Harold Deutsch, em 1970, e que se encontra estenografada nos arquivos alemães do ifz, com a sigla: ZS-2172/2-1.

([96]) Arquivo Histórico de Cascais, P.33/125.

o que veio a levantar algumas suspeitas a agentes informadores da legação alemã.

Quais eram, pois, as duplas funções que von Wussow vinha desempenhar em Lisboa? Oficialmente, para o AA, vinha superintender ao complexo negócio da exportação de volfrâmio português para a Alemanha e aproveitar as possíveis relações de sua mulher com o embaixador britânico para obter informações. Por outro, vinha como informador e elo de ligação da oposição alemã, para contactos com os ingleses, graças ao mesmo elo familiar.

Weizsaecker, então secretário de Estado, foi, segundo Wussow, particularmente prestável, pois, aproveitando a estada em Berlim de von Hoyningen-Huene, apresentou-os no seu gabinete, dizendo-lhe: «Entrego-lhe ao seu cuidado este senhor von Wussow e peço-lhe que o proteja pessoalmente, para que nada lhe possa acontecer» (*bitte, halten Sie Ihre Hand schützend über ihn, damit ihm nichts passiert*).

Obtiveram finalmente a autorização para virem para Portugal, mas Weizsaecker ainda lhe disse para levar a mulher e não a deixar regressar à Alemanha, pois «não me podia garantir que, então, lhe fosse possível ter a mesma capacidade de me ajudar».

Se todo este episódio mostra, por um lado, a atitude de oposição de Weizsaecker, por outro, faz crer que Hoyningen-Huene não era alheio às manobras deste grupo e muito provavelmente à dupla missão de Wussow.

Curiosamente, von Wussow diz que, em Lisboa, foi calorosamente recebido por von Hoyningen-Huene, mas que, ao fim de algum tempo, este manifestou uma certa distância nas relações entre ambos.

Em abril de 1944, chega da Alemanha, com a «missão» de avaliar as condições e o trabalho de Wussov, um tal barão Theodor Geyr von Schweppenburg.

Este Geyr — como era conhecido pelos amigos — fora adido militar em Londres, antes da guerra, e depois chefe da 3.ª Divisão Blindada.

Durante a chamada «crise de outubro-novembro de 1939», em que um grupo concebeu um ataque em que Hitler, Ribbentrop e Göring seriam aniquilados — única forma de impedir a continuação do desastre —, Halder procurou Geyr para encabeçar um ataque à chancelaria do Reich. Este estava, na altura, em convalescença num hospital, embora tivesse declarado, mais tarde, que não acreditava no sucesso daquela operação ([97]).

Geyr confidenciou a von Wussow que Hoyningen-Huene tinha na chancelaria um volumoso dossiê sobre as suas atividades em Lisboa. Adiantou que aquele material teria sido enviado para Berlim, mas que ia averiguar o que havia de verdade ou não nessa informação. Não podemos esquecer que Hoyningen-Huene tinha encontros regulares com homens da segurança alemã, como Schroeder, que certamente o informara de que, junto à casa de von Wussow, no Estoril, havia sempre grande número de carros de ingleses e norte-americanos, seus vizinhos, mas que estes podiam ser facilmente tomados como suas visitas.

Von Wussow afirma, na sua entrevista, que a legação encarregara o seu conselheiro cultural von Breisky de o vigiar.

Entretanto, chega à legação um telegrama solicitando a presença urgente de von Wussow em Berlim.

Tomado de profundo receio, procura nas Necessidades obter as devidas autorizações para deixar Portugal e constata uma enorme frieza da parte do pessoal da legação com que costumava trabalhar. Descreve mesmo que, ao entrar na legação e levantar o braço com a saudação *Heil Hitler*, houve um total silêncio e ninguém correspondeu à saudação.

Antes de partir, na Quinta-Feira Santa de 1944, recebeu um telegrama anunciando-lhe que seria esperado no Aeroporto de Estugarda.

Foi, para seu espanto, muito bem-recebido e levado por um avião a jato — que von Wussow nunca vira — para o quartel-general, onde Ribbentrop o esperava.

([97]) Vide, Harold Deutsch, *The Conspiracy against Hitler in The Twilight War*, já citado.

Casa em que morou Botho von Wussow, junto ao antigo Hotel Atlântico.

Embora Ribbentrop o tivesse querido levar para uma reunião com Hitler, isso não veio a acontecer, e regressou com Ribbentrop, de avião, para Fuschl.

Para grande espanto de Wussow, houve um encontro com Ribbentrop e o famoso «espião» inglês, Conwell Evans, que Wussow conhecia bem e de longa data.

Durante a conversa, em que referiram vários amigos em comum — Ribbentrop fora embaixador em Londres —, e face à pergunta sobre se continuava inimigo da Inglaterra ou atualmente modificara a sua posição, Ribbentrop responde imediatamente «Nunca fui inimigo da Inglaterra!» *(Ich war nie England-feindlich).*

Aludiu-se igualmente às consequências da guerra na Alemanha e em Inglaterra, tendo Conwell Evans respondido que Inglaterra fazia o último esforço para ganhar a guerra, ao que Ribbentrop exclamou imediatamente: «Veem, eis o primeiro sinal da paz vindo de Inglaterra.»

No dia seguinte, Ribbentrop convidou-o para almoçar em sua casa com a mulher e, depois da refeição, foi passear com ele no jardim e ter-lhe-á afirmado:

> *Wussow, a guerra está totalmente perdida. As Forças Armadas não aguentam mais, talvez algumas divisões SS consigam aguentar um pouco, mas isto acabou [die Sache ist aus], mas o seu dever e missão é conseguir uma paz. Temos de nos entender com os Aliados e, em primeiro lugar, com os ingleses e negociar um tratado de paz aceitável.*

Wussow respondeu não acreditar que nesta fase fosse possível um tratado que não fosse um *unconditional surrender* e aconselhou-o a «não cair vivo nas mãos dos ingleses», ao que Ribbentrop, exaltado, respondeu: «Mas eu sempre só procurei a paz e nunca fiz nada contra a Inglaterra.»

Ao despedir-se de Ribbentrop, pediu-lhe que o autorizasse a levar o filho consigo para Portugal, ao que o seu interlocutor acedeu imediatamente. Acrescentou que iria falar com Himmler, dizendo que Wussow «estava autorizado a contactar e a falar com todos os estrangeiros nossos inimigos sem que nada lhe possa acontecer.»

Curiosamente, Ribbentrop nunca aludiu a qualquer informação negativa de von Hoyningen-Huene contra si.

Wussow enviou imediatamente um telegrama à mulher, anunciando as boas notícias de que chegaria, em breve, a Portugal com o filho.

Antes de regressar, ainda se encontrou com alguns amigos, como Ulrich Schwerin, Peter York, Klaus Staufenberg, von Haeften e Adam Trott, que lhe perguntaram se pensava que ainda haveria alguma hipótese de entendimento com o Ocidente. Respondeu-lhes que não; mesmo que conseguissem afastar Hitler do poder, achava que era tarde de mais, dadas as circunstâncias atuais, e acrescentou que talvez ainda houvesse mais alguma possibilidade de entendimento com Estaline, embora os seus amigos tivessem reagido com ceticismo a esta alternativa.

Wussow regressou a Portugal pouco antes de Hoyningen-Huene deixar o país, mas afirma ter sido entusiasticamente recebido por ele e pelo pessoal da legação.

*

Depois de Hoyningen-Huene já ter deixado Portugal, no início de março de 1945, o então encarregado de negócios, Helmuth von Dietmar, convoca-o à legação e entrega-lhe um telegrama de 25 páginas, com uma proposta de paz alemã aos aliados, que ele deveria fazer chegar imediatamente a Inglaterra, assegurando-se de que o documento era lido pelos mais importantes membros do governo.

Wussow sentou-se para se acalmar e começou a traduzir o texto para inglês para deixar passar algum tempo sobre a sua primeira reação. O texto era inacreditável! A Alemanha, em colaboração com o Japão, pedia agora aos aliados ocidentais que a ajudassem com armas a atacar a Rússia e a defendessem de todas as possíveis agressões.

Wussow foi para casa e resolveu mostrar o papel à mulher, que, como já referimos, era inglesa, e esperar a sua reação, que foi uma enorme gargalhada.

Resolveu então rasgar o papel e queimá-lo.

Nada respondeu a Ribbentrop, pois as comunicações já eram quase impossíveis, e ficou, segundo declarou, a pensar como e se valeria a pena recuperar aquela mensagem na legação e eventualmente transmiti-la.

Assim terminou este último episódio, que se desenrolou em Lisboa e que mostra claramente o desvaire absoluto que reinava em Berlim na altura da derrocada final.

Botho von Wussow ficou em Portugal, já depois da partida de von Hoyningen-Huene para Berlim, até ao famoso embarque, com todos os diplomatas alemães e outros membros da colónia alemã que cá tinham ficado, no navio *Highland Monarch*, que já trazia, quando chegou a Lisboa, um grupo de alemães da Argentina.

Botho von Wussov tornou-se amigo do casal Ostermann von Roth, conselheiro da legação alemã em Lisboa, desde 1944. Com a excelente ajuda que o seu filho, Constantin, atualmente residente em Portugal, teve a gentileza de me conceder, tanto em informações como em documentos, foi-me possível entender melhor a intricada história daquela época.

Assim, Ostermann von Roth veio a reintegrar o novo Ministério dos Negócios Estrangeiros da República Federal Alemã, tendo sido provada a sua não culpabilidade nos tristes acontecimentos do nazismo. Neste contexto, foi certamente importante o testemunho ajuramentado de Botho von Wussov, em que este declara oficialmente, por documento notarial, de 11 de outubro de 1946, que von Roth fora um ativo antinacional-socialista e colaborador de homens como von Trott zu Solz ou Hans von Haeften.

Tradução de partes do aludido documento (cuja cópia do original se encontra em anexo):

> Eu, Johann Georg Ulrich Botho von Wussow, declaro sob juramento:
> ... Rantzau, que era um ativo membro do grupo de resistentes contra o Nacional-socialismo no Ministério dos Negócios Estrangeiros, disse-me que Ostermann era membro do nosso grupo e que fora encarregado

de importantes missões na frente leste, tanto por ele como por Adam Trott zu Solz e por Hans von Haeften. Ouvi mais tarde, tanto de von Trott zu Solz como de Rantzau, que Ostermann desempenhou com êxito as suas missões, já que tinha uma boa relação com o Comandante Treskow, que estava na Unidade Centro do Exército e o nosso grupo no Ministério dos Estrangeiros. Pouco antes de 20 de julho de 1944, Ostermann foi colocado em Lisboa, onde me procurou imediatamente utilizando uma «palavra passe» combinada entre mim e von Trott para me informar dos últimos desenvolvimentos e planos do nosso Movimento de Resistência Eu próprio trabalhei no movimento de resistência desde 1935 até 1944. Luneburg, aos 11 de outubro de 1946. Botho von Wussow. [Anexo n.º 6]

Em conclusão, o diplomata Ernst Ostermann von Roth, conselheiro da legação alemã em Lisboa, era mais um membro do grupo de opositores ao regime nazi que operava no Ministério dos Negócios Estrangeiros, em Berlim.

13.
O internamento em Sintra e a partida no paquete *Highland Monarch*, de von Wussow, da colónia alemã com os últimos diplomatas

Muito embora o ministro von Hoyningen-Huene já tivesse abandonado Portugal em 1944, como referido, a legação e muitos outros serviços continuaram até ao fim da guerra.

O *Highland Monarch*.

Na sequência dos procedimentos combinados com os aliados e o governo português, parte da colónia alemã ligada aos serviços oficiais e alguns dos diplomatas que ainda estavam em Lisboa foram primeiramente levados para Monsanto e depois, a grande maioria, internados no Hotel Netto, em Sintra, onde se encontravam em março de 1946. Entre eles estavam Botho von Wussow e o Conselheiro Ostermann von Roth, de cujo filho recebi a lista que junto. [Anexo n.º 7]

Otto Wolff von Amerongen, industrial alemão, que embora não estivesse ligado politicamente ao III Reich poderia ter tido negócios relacionados com volfrâmio, também embarcou em Alcântara, no mesmo barco. Veio mais tarde a ser condecorado com a Ordem do Infante.

Todos partiram ainda em março no paquete *Highland Monarch*, para a nova Alemanha.

III PARTE

HOYNINGEN-HUENE COMO CIDADÃO ALEMÃO EM PORTUGAL NO PÓS-GUERRA

14.
O memorando de von Hoyningen-Huene de 1945

A 3 de julho de 1945, finda a guerra, von Hoyninge-Huene resolve escrever um memorando de mais de 70 páginas. Este documento, que me foi gentilmente cedido através da investigadora Margarida Ramalho, que o obteve junto de um amigo alemão, está arquivado no Arquivo Político do AA, em Berlim.

O Dr. Mathias Fischer, conselheiro económico da Embaixada da Alemanha em Lisboa, forneceu-me um texto da sua autoria, sobre Hoyningen-Huene, que refere longamente este documento e faz sobre ele uma excelente análise.

O que levaria Hoyningen-Huene a escrevê-lo? A pergunta que perpassa todo o texto é «Wo liegt meine Schuld?» — «Onde reside a minha culpa?» —, para encaminhar o leitor para a conclusão de que, se há culpa, esta é coletiva.

Para quem terá escrito aquele texto, que constitui uma tentativa de se desculpabilizar do nazismo que durante cerca de dez anos representou em Portugal? Para a família? Para os amigos não nazis? Para si próprio? Pelo menos, indiscutivelmente, também para o Tribunal de Nuremberga, que, depois de o submeter a vários interrogatórios, o absolveu.

O conteúdo do documento revela claramente uma mentalidade antidemocrática e antiliberal, que procura nunca se identificar com o nacional-socialismo e, designadamente, com as barbaridades do seu antissemitismo.

Procura justificar a sua atividade diplomática — o que nem sempre seria necessário, pois usou de muitas técnicas notáveis para construir em Portugal a melhor imagem possível da Alemanha nazi, nomeadamente, através da sua intensa atividade cultural.

A sua amizade com Moisés Amzalak, a ajuda que prestou a judeus alemães e as críticas de que foi alvo pelos esbirros dos serviços nazis sobre a atitude dos serviços consulares da sua legação face a judeus provavam essa sua atitude.

Fica, porém, a pergunta: porque não se demite? Por que aceita representar oficialmente Adolfo Hitler no estrangeiro? Para salvar o possível da imagem da sua pátria?

Vejamos um pouco a estrutura deste documento e, resumidamente, aquilo a que o autor quis aludir. Afigura-se-nos interessante citar aqui a primeira e a última frases, que enquadram bem o espírito com que foi escrito. Inicia assim:

> *In der Stille meiner Verbannung dringen täglich und stündlich die Anklage des Feindes: Ihr seid schuldig! Schuldig an Eurem Zusammenbruch, schuldig am Unglück, das über die ganze Welt gekommen ist.* (No silêncio do meu desterro invadem-me diária e permanentemente as acusações do inimigo: Vós sois culpado! Culpado da vossa derrota, culpado da infelicidade que cobriu todo o mundo.)

E termina com esta frase:

> *Schuldig? Nein! Aber hunderfach ja! Zu dem Willen, am Aufbau mitzuhelfen und mitzuarbeiten, damit die Vergangenheit wieder gutgemacht und der deutsche Name wieder in Ehren gennant wird.* (Culpado? Não! Mas cem vezes sim! Quanto à vontade de ajudar e colaborar para «reparar» o passado e restaurar a honra do nome da Alemanha.)

O MEMORANDO DE VON HOYNINGEN-HUENE DE 1945

E assina como: «Oswald Baron Hoyningen-Huene.»

Embora possa repetir, porventura, um ou outro episódio a que nos referimos noutros capítulos, dada a importância deste memorando, vamos procurar sumariamente enunciar o que se nos afigura essencial:

1 — Sou pessoalmente culpado? Pela minha cultura e «estrutura interna», sou contrário ao nacional-socialismo.

2 — Bohle (chefe do AD) sempre me culpou por não seguir à risca as instruções do nacional-socialismo.

3 — Nunca autorizei que os chefes partidários locais pernoitassem na residência.

4 — Sofri críticas por ser durante cinco anos ministro em Lisboa e não membro do partido.

5 — Sempre procurei fazer a distinção — representar a Alemanha e não o regime.

6 — Tece frequentemente rasgados elogios à mulher.

7 — Nunca recebeu instruções claras sobre Portugal, país praticamente desconhecido na Alemanha de então.

8 — Quando foi definitivamente chamado a Berlim, Ribbentrop nunca lhe quis dizer as verdadeiras razões de uma decisão que veio do mais alto poder do partido, embora considere que as questões com os adidos militares e o atentado contra Hitler devam ter estado presentes naquela tomada de decisão.

9 — Alude ao facto de alguns jornais ingleses referirem a sua «misteriosa morte» na Alemanha e refere que Ribbentrop afirmara que Salazar tinha dois representantes diplomáticos, um ministro em Berlim, outro em Lisboa, e o Reich nenhum.

10 — Os elogios desmesurados que tece a Salazar podem fazer crer que apostava em alguma ajuda no difícil período que se avizinhava; sublinha, curiosamente, para caracterizar a personalidade de

Salazar, que, embora falasse com ele horas, nunca fora a sua casa nem aquele lhe oferecera uma chávena de chá.

11 — Afirma que a imprensa alemã nunca entendeu a delicada política de neutralidade de Portugal e a questão dos submarinos alemães.

12 — Refere, com firmeza, que teve um papel importante para evitar uma possível guerra de Portugal com o Japão devido à questão de Timor.

13 — Menciona uma sua intervenção, a pedido do ex-ministro da Roménia, Pangal, e do ministro italiano, Fransoni, sobre a possível realização de uma reunião em país neutro com o secretário-geral do Ministério dos Negócios Estrangeiros da Polónia, Sczembeck, que residia no Estoril, para combinarem uma administração comum da Polónia ocupada. Nunca resultou, designadamente porque o irmão de Sczembeck, sacerdote, morreu numa prisão alemã.

14 — Evitou sempre contactos com a oposição a Salazar.

15 — Dadas as dificuldades de abastecimento de petróleo a Portugal, teve uma forte ação a pedido do próprio Salazar na questão do uso do navio *Calmia*, de nacionalidade sueca, mas aprisionado pelos alemães. Escreveu ao próprio Hitler, que, assim, conseguiu opor-se à burocracia do partido, tendo o *Calmia* entrado finalmente no Tejo.

16 — Define os grandes problemas que aqui enfrentou, como: o volfrâmio, o caso dos Açores e o do Japão.

17 — Quanto ao problema dos judeus, faz esta afirmação curiosa: «não constituíam problema para Portugal» (esta atitude, quando comparada com as acusações dos serviços do AD e com as suas declarações durante o interrogatório de Kemperer, merece ser ponderada).

18 — Quanto aos serviços secretos alemães, afirma que tinham excelentes relações com a PVDE na luta anticomunista e elogia a qualidade dos serviços ingleses.

19 — Sobre a questão do extermínio nos campos de concentração, diz claramente que «nada sabia», explica que a imprensa portuguesa sofria uma forte censura e não tinha correspondentes no estrangeiro e afirma que, embora conhecesse a posição de Canaris sobre o regime, este nunca lhe revelara nada. (Estas afirmações contradizem completamente as respostas dadas nos interrogatórios de Nuremberga, onde afirma claramente que tinha conhecimento. Por outro lado, como sublinha Mathias Fischer no seu comentário, como podia ele, indo todos os anos à Alemanha de férias, desconhecer estes factos?) Cito a sua frase neste memorando: «*die Konzentrationslager: Ich habe selbstverstaendlich nicht die geringste Ahnung davon gehabt, was in den Konzentrationslagern, von denen ich bis Kriegsende nur Dachau und Sachsenhausen dem Namen nach kannte, geschah, auch hatte ich keinerlei Veranlassung...*» (Campos de concentração: nunca tive obviamente a menor ideia sobre o assunto e sobre o que lá se passava, deles só no fim da guerra ouvi falar, em Dachau e Sachsenhausen, também não tinha razão para...).

20 — Acreditava nas boas razões políticas quanto à ocupação de Praga, como explicara «sinceramente a Salazar».

21 — Afirma que enviara algumas cartas da mulher do embaixador de Inglaterra para o seu filho, que se encontrava preso, e que, assim, estas chegavam antes das enviadas pela Cruz Vermelha. O envio era feito através da rainha D. Amélia, então residente em Versalhes, a quem enviava alguns produtos das suas propriedades, pelos quais ela agradecia sempre «à notre Baron».

22 — Refere-se muito às escolas alemãs, de Lisboa e do Porto, que tinham uma enorme frequência de alunos de outras nacionalidades e de portugueses, alguns filhos de opositores a Salazar (no meu caso pessoal, que fui aluno da escola alemã, posso certificar que um dos meus colegas era filho do Professor Pulido Valente). Também refere que pensa que os programas escolares do nacional-socialismo ainda não haviam sido implementados no estrangeiro. Berlim teve os Jogos

Olímpicos e um primeiro-ministro britânico que veio à Alemanha negociar um acordo de não agressão: não podemos dizer que eram todos nazis. Neste contexto, alude à inauguração da igreja evangélica em novembro de 1934, assim como da igreja católica, onde ia com frequência, e ao facto de ter conseguido que representantes do partido frequentassem ambas as igrejas.

23 — Explora bastante a sua atividade cultural, designadamente na área musical, nos concertos que dava na sua legação.

24 — Gosta de sublinhar que o embaixador Campbell se lhe referia da seguinte forma: «*He is a gentleman.*»

25 — Diz que, sempre que falava com colegas do seu ministério, estes se referiam ao partido como um inimigo ou um «doente».

26 — Dá muita importância ao facto de a mulher organizar, duas vezes por semana, uma tarde de tricô para enviar roupa para alemães pobres. Bohle teve uma reação muito negativa.

27 — Refere, também, como exemplo da ação da sua legação, que, por ocasião da exibição de um filme sobre a ocupação da Polónia, haviam refeito completamente a legendagem para português e eliminado a quarta parte do mesmo. Ao exibirem o filme, todos os membros da classe oficial nazi abandonaram a sala, como sinal de protesto.

28 — Quanto ao nazismo, escreve bastante, e cito esta frase: «*Nein, nicht wegen des Nationalsozialismus, sondern trotz des Nationalsozialismus habe ich in Portugal mit Erfolg arbeiten können*» (Não, não foi por causa do nacional-socialismo, mas apesar do nacional-socialismo, que consegui trabalhar com êxito em Portugal).

29 — Antes de terminar, faz uma reflexão sobre o facto de na Alemanha do Pós-guerra só se saber distinguir entre nazis e antinazis. Estas expressões quase não eram usadas no início; ninguém se interessava em saber se o seu vizinho era ou não membro do NSDAP.

Conclui: «em suma nem todo o nazi era membro do partido, nem todo o membro do partido era nazi.»

30 — Termina com uma confissão antidemocrática, afirmando que a democracia falhou, apesar dos seus 50 partidos. Tivemos uma forma de regime segundo a ideologia dos aliados. Um centro com Brüning, judeus como Hilfeding ou Rathenau, sociais-democratas como Ebert, um exército com 100 000 soldados... *«Aber niemand hat uns geholfen»* (Mas ninguém nos ajudou).

O mal veio quando o regime se tornou brutal e a brutalidade foi a sua doutrina.

15.

A «travessia do deserto» — os interrogatórios no quadro do Tribunal de Nuremberga

Em setembro de 1944, o barão von Hoyningen-Huene é chamado em serviço ao AA, «para prestar declarações sob a acusação de estar impedido de exercer funções por falta de confiança política e por isso impedido de regressar ao posto».

No dia 25 de novembro, é colocado na situação de reforma compulsiva, segundo reza a biografia oficial existente nos arquivos do AA.

A guerra termina em maio de 1945.

Entre a documentação que consultámos relativa ao 11.º processo subsequente ao julgamento de Nuremberga, não encontrámos o nome de von Hoyningen-Huene. Este 11.º processo ficou também conhecido por Processo da Wilhelmstrasse», ou seja, o processo relativo aos funcionários do Ministério dos Negócios Estrangeiros (AA), em que a figura do secretário de Estado (secretário-geral), Weizsaecker, foi a preponderante, de 15 de novembro de 1947 a 14 de abril de 1949.

Como referimos, na audição de von Hoyningen-Huene pelo número dois do Conselho, Robert Kempner, a 11 de agosto de 1947, este declarou claramente: «Para lhe dizer já desde o início, você não faz parte dos acusados» ([98]).

([98]) Ifz, zs 734-1, Archiv.

O Castelo de Langenstein.

Não culpado, embora longe da mulher que ficara no Estoril, Hoyningen-Huene, a avaliar pelas declarações feitas durante os interrogatórios, vivia com residência fixa em Baden, num belo castelo, o Schloss de Langenstein, propriedade, segundo ele, de um Graf Douglas.

Trata-se do Graf von Langenstein und Goudelsheim, da nobreza de Baden, família aparentada, desde 1848, com o conde Carl Israel Wilhelm Douglas, do ramo sueco, e cuja família remontará à dinastia Douglas da Escócia.

16.

O regresso a Portugal depois da Segunda Guerra Mundial e a sua vida no Chalé Maravilha, no Estoril. Morte da primeira baronesa e segundo casamento

Antes do seu regresso a Portugal, a primeira mulher, como refere nos interrogatórios na Alemanha, continua no Estoril, pintando e aguardando pelo marido. A paixão de Gudrun pela pintura parece óbvia, pois verificamos que, no início da década de cinquenta, resolve inscrever-se num curso da Sociedade Nacional de Belas-Artes, em Lisboa, onde foi, de resto, colega da pintora portuguesa, minha amiga, Teresa Bleck, que me referiu o facto que viria eu a verificar pela sua matrícula naquele curso, amavelmente cedida pelo arquivo da SNBA.

Logo que se vê libertado das lides ligadas ao processo de Nuremberga, regressa a Portugal, onde vem a instalar-se numa simpática moradia, no Estoril, com o nome de Chalé Maravilha. Recomeça uma nova etapa, trabalhando numa empresa francesa, e, dadas as amizades que aqui criara, sentia-se obviamente em casa quanto à sua vida, agora não oficial, mas contando sempre com a simpatia e amizade que soubera estabelecer com Salazar.

Gudrun, a primeira mulher, vai com o marido à Alemanha de férias e vem a falecer, inesperadamente, em Hamburgo, a 6 de março

Matrícula da baronesa von Hoyningen-Huene como aluna da Sociedade Nacional de Belas-Artes.

de 1956. O barão Oswald von Hoyningen-Huene volta a casar a 6 de outubro de 1957, com uma senhora alemã de nome Lona ([99]).

A imprensa portuguesa dá particular relevo ao falecimento da primeira baronesa von Hoyningen-Huene.

Neste Chalé Maravilha viveu com a sua nova mulher, a baronesa Lona von Hoyningen-Huene, até vir a falecer na Suíça, em 1963. Portugal foi a sua segunda pátria.

([99]) Segundo Rudolf Ziesche, in «Der Manuskriptnachlass Gerhard Hauptmanns in Berlin», Teil 4, Harrassowitz Verlag, Wiesbaden 2000.

O REGRESSO A PORTUGAL DEPOIS DA SEGUNDA GUERRA MUNDIAL

Chalé Maravilha, no Estoril.

Baronesa de Hoyningen-Huene

Um telegrama hoje recebido, de Hamburgo, do sr. barão de Hoyningen-Huene — que, desde 1934 a 1944, foi ministro da Alemanha em Portugal — anunciou que faleceu, naquela cidade, inesperadamente, sua esposa, a baronesa Gudrun de Hoyningen-Huene, de 51 anos, natural de Berlim, e filha do famoso construtor de locomotivas von Borsig.

Baronesa de Hoyningen-Huene

Ambos tinham partido, de avião, anteontem, de Lisboa, em viagem de recreio.

Durante os dez anos em que o seu marido representou o seu país em Lisboa, a ilustre senhora, mercê da sua inteligência, da sua elegância, do seu fino trato, da maneira como recebia, conquistou a admiração e a simpatia, não só de todos os membros do corpo diplomático, mas das centenas de Portugueses que assistiram ás inolvidáveis festas realizadas no palácio da legação, na Rua do Pau de Bandeira.

Nos tempos que se seguiram, em que seu marido residiu em Constança, donde só conseguiu vir muito depois de terminada a ultima conflagração, a baronesa de Huene conservou-se no Estoril, onde vivia no «chalet» Maravilha, na Avenida D. Nuno Alvares Pereira, 3; e a sua vida modelar, de trabalho constante e de luta pela vida, em contraste com a posição familiar e diplomática que tivera, tornaram-na digna do respeito de toda a gente. Além dos trabalhos caseiros, dedicou-se á arte, pintando e esculpindo, sob a competente orientação de mestre Leopoldo de Almeida. Apreciava muito a arte e o folclore do nosso País, inspiradores de diversos trabalhos seus que figuraram em exposições colectivas.

A notícia da sua morte vai, certamente, causar grande impressão em Lisboa e nos Estoris, onde a sua figura se popularizara nimbada pela sua distinção e sua luta heroica com as dificuldades da vida.

Ao sr. barão de Hoyningen-Huene apresentamos sentidas condolências.

Luis Eduardo Fernandes Rosado

16.1. Sua morte na Suíça, em 1963 — uma amizade com Portugal que perdurou para além da guerra

Logo após o falecimento do marido, em Basileia, a 26 de agosto, a atual baronesa Lona von Hoyningen-Huene, a 2 de setembro de 1963, participa a morte, «após curto, mas grande sofrimento», a Oliveira Salazar, em termos de real amizade.

Salazar responde, e ela envia-lhe nova carta agradecendo as suas amáveis palavras ([100]).

Segue-se correspondência entre ambos, até 1967. Começa a baronesa por dar conta a Salazar — a 1 de dezembro de 1963 — de que infelizmente teria de deixar definitivamente «este lindo Portugal que o marido lhe ensinou a gostar». Tece os maiores elogios às paisagens, às gentes, ao mar etc., e sublinha ter aqui, no Estoril, na Vila Maravilha, passado os seis anos mais felizes da sua vida e, voltando a falar no marido, informa que, mesmo no hospital na Suíça, este pedia para ler diariamente o *Diário de Notícias*.

A correspondência continua, já depois de estar na Alemanha, dando a baronesa notícias das suas atividades sempre ligadas a Portugal, facto que mostra claramente a amizade que existia entre o casal e Salazar.

Nos anos sessenta, transmite informações sobre o Centro Cultural Português em Goeppingen, perto de Estugarda, e sobre outras atividades com a comunidade portuguesa daquela área, que era fundamentalmente constituída por vidreiros.

O *Jornal da Marinha Grande* consagra, de resto, uma página inteira às atividades da baronesa ligadas a emigrantes daquela região.

A última carta a Oliveira Salazar data de dezembro de 1967, em que formula os melhores votos para 1968. Estes votos não parecem ter tido correspondência na vida real do ditador ([101]).

---

[100] ANTT, AOS/CP-138-4.2.4/6.
[101] ANTP, AOS/CP/25, 1.3.3/4.

17.
A questão demorada da nomeação do primeiro embaixador da RFA em Lisboa — o papel de Moulin-Eckart. Os rumores e as realidades

Terminada a guerra e formada a República Federal Alemã, levantava-se o problema do reatar das relações diplomáticas com os restantes países, e naqueles, como Portugal, que as mantiveram devido à sua neutralidade durante o conflito havia que preencher as legações alemãs, entretanto «vazias».

Não entraremos aqui na discussão complexa de saber se a República Federal constituía a continuidade do III Reich, em termos de direito internacional, pois o facto assumia contornos difíceis face ao problema de um tratado de paz.

Na altura em que este problema se coloca relativamente a Portugal, o ex-ministro e amigo pessoal de Salazar, von Hoyningen-Huene, vivia com a mulher no Estoril.

O chanceler Adenauer e o próprio ministro dos Estrangeiros enfrentavam grandes dificuldades tanto internas como externas nas escolhas dos novos representantes diplomáticos alemães.

Sobre essas dificuldades, o nosso embaixador em Bona, Ferreira da Fonseca, num ofício de novembro de 1951, explica:

> de ordem interna são aqueles que os partidos da coligação levantam, exigindo benesses para partidários de maior ou menor futuro político

Este aspecto complica-se com ambições regionais e rivalidades confessionais... De ordem externa são as desconfianças que suscitam certos antigos funcionários de carreira devido à sua filiação no partido nazi...

Como referi, Ferreira da Fonseca, noutro ofício de março de 1952, escreve com algum humor: «Diz-se que há hoje no Ministério dos Negócios Estrangeiros 85% de antigos nazis, maior percentagem de inscritos no partido do que no próprio tempo de Ribbentrop». E acrescenta ainda:

>Esta campanha assume proporções que se prevêem graves. Um dos visados como responsável pela situação, pelo facto de considerar os serviços diplomáticos de carácter técnico e não querer arriscar, coloca-os nas mãos dos modernos e ambiciosos políticos federais, é o próprio Secretário de Estado Prof. Hallstein.

Entretanto, em Lisboa, um tal Sr. Theodor Mielitz pede para ser recebido nas Necessidades, ao mais alto nível. Foi recebido a um nível mais baixo o Dr. Paula Coelho, da Direção-Geral Política, a quem informou que personalidades altamente colocadas no ministério alemão lhe pediam para procurar que o governo português aceitasse a nomeação do conde Moulin-Eckart, antigo número dois de von Hoyningen-Huene, que o acompanhou na sua apresentação de credenciais, como novo representante diplomático alemão na capital portuguesa.

O aludido senhor Mielitz — segundo o Dr. Paula Coelho, que o recebeu, seria de origem judia, «ex-empregado da antiga legação alemã» [sic], homem que já fora rico e tivera períodos de miséria e que, como organizador de uma exposição do livro alemão, haveria sido condecorado com a Ordem de Cristo. É interessante contrastar esta «informação» de Paula Coelho com o que documentadamente Irene Flunser Pimentel refere no seu livro *Espiões em Portugal*: «Sobre as agências noticiosas alemãs em Lisboa e a Transocean, com sede na

A QUESTÃO DEMORADA DA NOMEAÇÃO DO PRIMEIRO EMBAIXADOR

Von Hoyningen-Huene, sua mulher e Moulin Eckart, 1933.

DANÇA SOBRE O VULCÃO

Mielitz é o nono, a contar da esquerda.

Rua Barata Salgueiro, que era reconhecidamente um antro de espiões, um dos quais era Theodor Mieliz».

Moulin-Eckart estaria a preparar um livro sobre Portugal e publicou no *Novidades* — jornal ligado à Igreja — um artigo sobre o nosso país. Moulin-Eckart era católico.

Não parece provável, ou mesmo possível, que Salazar tenha autorizado o ministério, através de um ofício de 27 de outubro de 1951, assinado pelo então novo secretário-geral, conde de Tovar, ex-ministro em Berlim durante a guerra, a enviar um ofício para o nosso embaixador em Bona, solicitando-lhe uma discreta diligência sobre a possibilidade da nomeação de Moulin-Eckart, sem que von Hoyningen-Huene tivesse eventualmente atuado nos bastidores desta operação.

O nosso embaixador Ferreira da Fonseca aceitou auscultar as autoridades alemãs sobre essa possibilidade, mas sublinhou a dificuldade que certamente o Governo Federal teria em dar seguimento a tal iniciativa.

Alguns jornais alemães, designadamente o *Spiegel*, de 19 de março de 1952 e de 23 de dezembro de 1953, afirmam mesmo que Salazar fizera diligências em Bona, Washington, Londres e Paris no sentido de procurar que o próprio barão von Hoyningen-Huene viesse a assumir o aludido cargo ([102]).

Não encontrei nos nossos arquivos elementos que confirmem estas últimas afirmações.

Na fotografia do banquete oferecido em Lisboa por Moulin-Eckart, por ocasião da sua cessação de funções, está presente o aludido senhor Theodor Mielitz.

Entretanto, não sem que o facto tenha sido alvo de artigos pouco abonatórios da personalidade em questão, designadamente um artigo do *Christ und Welt*, de Estugarda, de 7 de agosto de 1952, foi aceite por Portugal e nomeado o senhor Leo Wohleb, ex-presidente do estado de Baden do Sul, hoje incorporado nos três estados federados do Sudoeste alemão. Wohleb foi um grande opositor desta incorporação.

([102]) As citações deste cap. AHD, 2P-A57-M25.

BIBLIOGRAFIA, FONTES E SIGLAS

Bibliografia

AAVV, *Genealogisches Handbuch des Adels*, C.A. Starke, 1974.

Boo, Frontline, *Portugal visto pelos nazis, documentos 1933-1945*, Fim de Século, 2005.

Brown, Anthony Cave, *Bodyguard of Lies*, vol. II, Globe Pegnot Press, 2007.

De Kaaij, Meinaart, *Een eenzaam staatsman. Dirk de Geer, 1870-1960*, Hilversum: Uitgeverij Verloren, 2012.

Deutsch, Harold C., *Hitler and His Generals: The Hidden Crisis, jan.-jun. 1938*, The University of Minnesota Press, 1974.

Deutsch, Harold C., *The Conspiracy against Hitler in the Twilight War*, The University of Minnesota Press, 1968.

Fischer, Mathias, Documento da sua autoria sobre von Huyningen-Huene, que me foi cedido pelo autor e conselheiro da Embaixada da Alemanha em Lisboa, em maio de 2015, durante uma entrevista com o embaixador da Alemanha em Lisboa, Ulrich Brandenburg.

Kershaw, Ian, *Hitler, uma biografia*, D. Quixote, ed. 2009.

Louçã, António e Paccaud, Isabelle, *O Segredo da Rua d'O Seculo*, Fim de Século, 2007.

Luedicke, Hars, «Offizier und Diplomat», in *Widerstand und...*

Menezes, Filipe Ribeiro de, *Salazar*, D. Quixote, 2009.

Mommsen, Hans, «Diplomaten im Widerstand gegen Hitler», in *Widerstand und...*

NUNES, João Paulo Avelãs, *O Estado Novo e o volfrâmio (1933-1945)*, Imprensa da Universidade de Coimbra, 2010.

OLIVEIRA, Maria José, «Moses Bensabat Amzalak, o líder judeu que foi condecorado pelos nazis», in *Público*, 14.03.2008.

PERNETA, Helena Paula Freitas, *A Madeira e os alemães 1917-1939 – O discurso da imprensa madeirense*, Tese de Mestrado, 2011, em PDF na Internet.

PIMENTEL, Irene Flunser, *Espiões em Portugal durante a II Guerra Mundial*, Esfera dos Livros, 2013.

POEPPMANN, Dirk, «Im Amt geblieben, um Schlimmeres zu verhueten», in *Widerstand und Auswaertiges Amt*, Siedler 2013.

SCHULTE, Jan Erik, e WALA, Michael, «Gegen den Strom», in *Widerstand und...*

SPEER, Albert, *Inside the Third Reich,* Weidenfeld & Nicolson, 1970.

STANLEY, Roy, Col. (RAF), *Weapons Hunt: Defeating German Secret Weapons*, Pen & Sword Books Ltd. UK, 2010.

STEINBACH, Peter, e VON KESSEL, Albrecht, *Stauffenberg und die Junge Generation im deutschen Widerstand*, Stuttgarter Stauffenberg--Gedaechtnisvorlesung, 2008.

STEINBACH, Peter, e VON KESSEL, Albrecht, *Verborgene Saat*, Ullstein, 1992.

STRASEN, E. A., e GÂNDARA, Alfredo, *Oito séculos de história luso-alemã*, Instituto Ibero-americano de Berlim, 1944.

TUCHEL, Johannes, *Gestapo,* «Volksgerichtshof und Auswaertiges Amt», in *Widerstand und...*

VON KLEMPERER, Klemens, *German Resistance against Hitler, The Search for Allies Abroad 1938-45*, Oxford University Press, 1994.

VON SCHWERIN, Detlef Graf, *Dann sind's die besten Koepfe, die man henkt*, Muenchen, 1991.

VON SCHWERIN, Detlef Graf, *The Men Who Tried to Kill Hitler*, Landesstiftung Baden-Wuertenberg, 2008.

WALA, Michel, e SCHULTE, Jan Erik, *Widerstand und Auswaertiges Amt. Diplomaten gegen Hitler*, Siedler Verlag, 2013.

WEBER, Ronald, *The Lisbon Route*, Rowman & Hittlefield Publishing Group Inc., Maryland, 2011.

ZIESCHE, Rudolf, *Der Manuskriptnachlass Gerhart Hauptmans in Berlin – Teil 4*, Harrassowitz Verlag, Wiesbaden 2000.

Fontes

AHD — MNE Portug+B1+A2:B8, S1-E31-P3 84806 (1931-1936) — Credenciais. Núcleo Teixeira de Sampayo, V- Apontamentos de Conversa, 1944, n.º 2 P.6.; 2P-A57-M25; GSG-M6-P7; GSG-27; GSG-20; GSG-M28-P2; GSG-P8.

AHD — MNE Portugal — Biblioteca, Listas Diplomáticas de Lisboa 1934 a 1945.

ANTT, AOS/CO/VE-2 pt 40-56; AOS/CO/NE-30C2; AOS/CP-25; AOS/CP/138; PT/TT/EPJS/SF/001-001/0033/0162J; PT/TT/EPJS/SF/0042/02T9L; AOS/C=/NE 2 Cx.417 pt 41.

Arquivo da SNBA - Lisboa, Livro de matrículas de 1951.

Arquivo Histórico de Cascais, Proc. 33/125, de 1959-60, Pasta 94; Registos Hotel Atlântico, Estoril, 1942.

Arquivo Histórico do Patriarcado de Lisboa. PT/AHPL/PAT 14-SP/f03/01/006.

Arquivo Político do Ministério dos Negócios Estrangeiros (AA) alemão, Berlim, Espólio de Oswald Baron von Huyningen-Huene: Pacote n.º 2 — Pags 76-83; 114-118; 176-185; 232-238; 241-244; 267-271. Pacote nr.3 — Pags 427-428; 429; 683-686; 838-839; 847-850; 853-856; 859-863; 866-877; 878-879; 889-890; 898-899; 904-906; 908-909; 942; 947; 948; 949-951; 956; 961; 962; 975-978; 987; 990; 1919; 1020-1022; 1139; 1140; 1141;1142.

Department of State., PL (GPA) 1-12-50.

Imensa documentação vária, designadamente o espólio e o diário de von Hoyningen-Huene, existentes no Arquivo Político do AA (Ministério dos Negócios Estrangeiros Alemão). Todos identificados nas notas de pé de página do livro.

Institut fuer Zeitgeschichte - Muenchen (Archiv). ZS 734/1 (2 interrogatórios de 11 e 16 de agosto de 1947 — atividades e abrupta saída da missão em Lisboa); ZS 2172_2.pdf. (Testemunho de Botho von Wussow).

Memorando, assinado Oswald Baron Huyningen-Huene, Konstanz, 3 de julho de 1945, com 80 páginas datilografadas. Gentilmente cedido pela investigadora Margarida Ramalho, que o obteve junto de um descendente alemão de um amigo de von Huyningen-Huene. Documento manuscrito existente no Arquivo Político do AA em Berlim.

The Trial of German Major War Criminals - Proceedings of the International Military Tribunal sitting at Nuerenberg, Alemanha, Published under the authority of H.M. Attorney-General by His Majesty's Stationary Office, Londres 1947.

Siglas

    AA — Auswaertiges Amt — Ministério dos Negócios Estrangeiros
Abwehr — Abwehr — Serviços Secretos Militares
    SD — Sicherheitsdienst — Serviços Secretos da GESTAPO

ANEXOS

ANEXO 1

**Ofício do estado-maior do representante do Führer,
E. W. Bohle, chefe da Auslands Organisation, criticando
e pedindo explicações sobre o critério usado pelo ministro
alemão na colocação da bandeira nazi e da bandeira
da Alemanha sobre o caixão do chefe de grupo
do partido em Lisboa.**

Nationalsozialistische
Deutsche Arbeiterpartei

Stab des Stellvertreters
des Führers

Der Leiter
der Auslands-Organisation
EWB/M1

Anschrift: E. W. Bohle
Berlin-Wilmersdorf
Westfälische Str. 1
Fernruf:
Sammelnummer 867381
Drahtanschrift: Elhob Berlin

Berlin, 23. August 1940

Sehr geehrter Herr Gesandter!

Bei den mir vorliegenden Berichten über die Beisetzung meines verstorbenen Landesgruppenleiters Claussen ist mir aufgefallen, daß der Sarg mit zwei Flaggen bedeckt war und zwar zu unterst mit der Flagge der Bewegung beziehungsweise des Reiches und darüber mit der Reichsdienstflagge.

Es ist an sich schon ungewöhnlich, einen Sarg mit zwei Flaggen zu bedecken. Im vorliegenden Fall handelt es sich aber darüber hinaus um den vom Führer ernannten Hoheitsträger der NSDAP, auf dessem Sarg die Fahne der Bewegung, die zugleich die Reichsflagge ist, doch wohl genügt hätte. Da die Anordnung bezüglich der beiden Flaggen von Ihrer Gesandtschaft ausging, wäre ich Ihnen für eine Mitteilung dankbar, welche Gründe zu dieser ungewöhnlichen Maßnahme geführt haben.

Heil Hitler!

Bohle

Gauleiter

Herrn
Gesandten Baron von Hoyningen-Huene
Deutsche Gesandtschaft
<u>Lissabon</u>
Ueber Chef AO

TRADUÇÃO

Partido Nacional-Socialista dos Trabalhadores Alemães

ANEXOS

Estado Maior do Representante   **E.W.Bohle**
do Fuehrer   **Berlim – Wilmersdorf....etc.**
O Chefe da
«Auslands-Organisation»

Berlim, 23 de agosto de 1940

Exmo. Senhor Ministro!

    De acordo com os relatórios que me são presentes sobre o funeral do meu falecido chefe de Grupo do País, o caixão estaria coberto por duas bandeiras e designadamente a de baixo era a bandeira do Movimento do Reich e sobre ela encontrava-se a bandeira de serviço do Reich.

    Já por si, é inabitual cobrir um caixão com duas bandeiras. Mas, neste caso, trata-se ainda de um alto dignitário do NSDAP designado pelo próprio Fuehrer, sobre cujo caixão a bandeira do Movimento que é simultaneamente a bandeira do Reich seria suficiente.

    Como a questão das duas bandeiras foi iniciativa da sua legação, muito lhe agradeceria uma informação sobre qual o critério que levou a esta medida.

Heil Hitler!
Ass. E.W. Bohle
Gauleiter

Senhor Ministro
Barão von Hoyningen-Huene
Legação Alemã
Lisboa (através do Chefe AO)

ANEXO 2

Ofício secreto do Ministério dos Negócios Estrangeiros alemão sobre as difíceis relações entre os adidos militares e o ministro von Hoyningen-Huene, solicitando a sua ida a Berlim.

ANEXOS

Auswärtiges Amt
Pol I K(Att.)12179 g Ang.II

Problema d. misión militar

Berlin W 8, den 29. Dezember 1941
Wilhelmstr. 74-76

Geheim

Lieber Herr von Huene!

    Sie erhalten in diesen Tagen einen Runderlaß wegen der Zusammenarbeit der Waffenattachés mit den Missionschefs.
    Dieser Runderlaß ist zum Teil mit dadurch veranlaßt, daß in der letzten Zeit von militärischer Seite wiederholt gerade bezüglich der Gesandtschaft in Lissabon der Wunsch ausgesprochen worden ist, daß die sachliche und persönliche Zusammenarbeit zwischen den Missionschefs und den Waffenattachés enger und vertrauensvoller gestaltet werde. Dieser Wunsch ist schon vor einiger Zeit von dem Chef der Seekriegsleitung vorgebracht worden. Neuerdings hat den gleichen Wunsch hier der Luftattaché Generalmajor Kramer vorgebracht. Er hat dies, wie ich hervorheben möchte, in einer durchaus objektiven Weise getan, soweit das bei einer Darstellung nur von einer der beiden beteiligten Seiten hier erkannt werden kann. Sicher wäre es nützlich, wenn ich auch eine mündliche Darstellung von Ihrer Seite bekommen würde. Es wäre mir daher erwünscht, wenn Sie demnächst einen anderen Anlaß fänden, um -nach vorheriger Anfrage und Genehmigung- eine dienstliche Reise nach Berlin zu machen. Ich glaube, das böte mir die beste Möglichkeit, die Angelegenheit persönlich mit Ihnen zu besprechen.
    Mit freundlichen Grüßen

                              Heil Hitler!
                              Ihr

An
Herrn Gesandten
Baron von Hoyningen-Huene
Lissabon

TRADUÇÃO

Ministério dos Negócios Estrangeiros

Pol. IM(Att.)12179 g Ang.II   Berlim, 29 de dezembro de 1941
                                        Wilhelm str. 74-76

SECRETO

Caro Senhor von Huene!

Vai receber nos próximos dias uma Circular-Despacho (instruções) sobre a colaboração entre os adidos militares e os chefes de Missão.

Este despacho tem em grande parte origem no facto de nos últimos tempos do lado militar, designadamente de Lisboa, haver o desejo de repensar as relações tanto profissionais como pessoais entre ambos no sentido de uma maior confiança mútua e mais estreita colaboração. Este desejo foi já expresso há algum tempo pelo chefe da Marinha de Guerra. Recentemente, este mesmo desejo foi aqui expresso pelo adido aeronáutico, brigadeiro Kramer. Ele fê-lo de uma maneira objetiva, tal como aqui podemos apreciar quando se ouve um só lado. Seria, pois, desejável que o senhor – depois de uma consulta e autorização prévia – se pudesse deslocar a Berlim. Penso que isto nos daria a possibilidade de falarmos pessoalmente sobre o caso.

Com os melhores cumprimentos,

                    Heil Hitler!
                        Seu
                 Assinatura ilegível

Ao Senhor Ministro
Barão von Hoyningen-Huene
Lisboa

ANEXO 3

Nota do ministro alemão em Lisboa ao senhor cardeal patriarca, criticando severamente a sua homilia de Natal do ano de 1937, e resposta do segundo.

ANEXOS

F-03/01/006

**Deutsche Gesandtschaft
Lissabon**

Lisbonne, le 30 janvier 1938.

Eminence ,

Depuis bientôt trois semaines j'ai devant moi Votre discours de Noël, prononcé le 6 janvier au microphone portugais. Je l'ai lu et relu bien des fois, je l'ai fait traduire minutieusement en allemand et je l'ai de nouveau relu, j'en ai parlé à bien des amis, bons Portugais et bons catholiques, et bien à mon regret je n'en saisis pas la portée: je ne comprends ni le but du discours ni son contenu. L'impression qui s'en dégage est, qu'il est empreint d'hostilité vis-à-vis de l'Allemagne. Je puis dire que depuis mes trois années et demie de séjour au Portugal je n'ai rien entendu de pareil.

En passant en revue les idées exposées par Votre Eminence, je ne puis cacher ma douloureuse surprise à constater les tendances marquées qui s'en détachent.- Tout Allemand de bonne volonté auquel Votre Eminence s'adresse ne manquera pas d'en être profondément blessé. Je me demande donc, si Votre Eminence parle de mon pays en connaissance de cause et si Son opinion ne se modifierait pas, si Elle en avait une connaissance directe . Le jugement que Vous portez sur mon pays serait-il si dur ? Serait-il dépourvu du sentiment de paix et d'amour,

Son Eminence
Monsieur le Cardinal-Patriarque

L i s b o a .

207

-2-

d'amour, dont selon les propres paroles de Votre Eminence le message de l'Eglise est pénétré ? Je me refuse à le croire. Et dans cette conviction, qu'il me soit permis de Vous soumettre un autre aspect de la question. Car elle est susceptible d'être envisagée sous un autre angle.

Je ne me propose pas d'entrer en discussion sur un thème qui remplierait des volumes; mais j'ai trop de respect et trop de considération pour Votre Eminence, pour ne pas Vous dire que mon pays se rend compte du moment historique qu'il vit aujourd'hui et que seule la connaissance profonde des transformations qui s'y opèrent pourrait justifier une opinion sur les événement qui forment le sujet de Votre allocution de Noël. Or, ce n'est pas comme Ministre d'Allemagne que j'ai l'honneur de m'adresser au chef de l'Eglise Catholique au Portugal, mais c'est en chrétien, qui parle à un autre chrétien, pour lequel il éprouve, Vous le savez Vous-même, un sentiment sincère.

Le but de Votre discours de Noël serait-il d'attaquer l'Allemagne ? Mon pays y est mentionné 5 fois et il y a 4 allusions indirectes. Plusieures fois, Vous le placez à côté du Communisme ou de l'athéisme marxiste. S'agirait-il donc d'un discours politique ? Le Saint-Père a souligné dans son allocution de Noël que le Royaume de l'Eglise n'est pas de ce monde, et Sa Sainteté a eu

le

-3-

le soin de prononcer son discours devant le Sacré Collège et non devant le Corps Diplomatique, ce qui lui aurait enlevé son caractère religieux, étant donné que l'Ambassadeur d'Allemagne entre autres é aurait asisté.

Je ne sâche qu'aucun Allemand ait manqué au respect dû à Votre Eminence ! Encore moins que je sâche, aucun Allemand n'a attaqué l'Eglise du Portugal. Y aurait-il par hasard un catholique portugais qui aurait été offensé en Allemagne ? Je crois au contraire que l'Allemagne, qui se sent unie à Votre pays par une idéologie commune, s'efforce à comprendre Votre peuple, à exhausser les beautés de Votre pays, à glorifier les efforts de Votre Gouvernement. Et n'oserais-je mentionner nos efforts communs dans la lutte contre le communisme ? Moi-même je me suis senti heureux dans ce pays depuis le premier jour, et dans tous mes rapports ainsi que dans mon travail pour rendre connu ce pays, je me suis efforcé de ne tracer que des lignes sympathiques, positives et lumineuses. Il n'y a pas de publication positive sur le Portugal de ces dernières années qui n'aurait pas été inspirée par moi ou par un de mes collaborateurs.

Et puis tout-àcoup j'entends ce discours, adressé d'un haut lieu, au peuple portugais ! Je n'y trouve que des critiques sur la religion de mon pays, qui y est comparée au communisme. Je me demande, combien de Vos auditeurs du 6 janvier étaient à même de comprendre le sens de Vos paroles ! Ou bien est-ce-qu'il y en auraient beaucoup qui savent qui est Hegel et Fichte, qui savent ce que c'est l'eugénique ou

la

—4—

la stérilisation ? Quant au duel, il m'a échappé, que »parmi la jeunesse allemande cette coutume barbare aurait été de nouveau introduite« ! Quel serait le but de ces affirmations ?

Selon l'impression que me donne la lecture du discours on dirait que l'Allemagne est le pays le plus payen du monde, un pays qui ne connaît que le culte de la race et de la force, qui se dévoue à un moloch nouveau et inconnu, qui détruit la liberté de l'homme, qui rend des honneurs divins à un César humain et qui adopte une philosophie qui ne connaît ni le baptême ni la grâce . Jugement après jugement . En vain je cherche une parole d'amour chrétien ! En vain j'y cherche un effort pour comprendre celui contre lequel on porte un jugement si sévère !

Cette même Eglise, dont son haut représentant nous reproche aujourd'hui de n'être pas chrétiens, où était-elle, quand après la guerre, des centaines de milliers d'enfants allemands sont morts de faim, que le blocus des »alliés« avait causée ? Où était-elle, quand, en pleine paix, des bandes de nègres en uniforme ont osé envahir notre pays pour s'y conduire d'une façon si cruelle et si honteuse ? Nous ne l'avons trouvée nulle part ! Nous étions seuls ! Mais Dieu nous a aidé et il a mis fin à cet avilissement. Il ne nous a pas abandonnés et pour cette raison nous ne l'abandonnerons pas non plus .

Nous

—5—

Nous sommes pieux, Eminence ! Plus d'un discours de nos dirigeants a souligné, combien nous sommes fiers du christianisme d'action, dont témoigne la nouvelle Allemagne chaque jour. Il se peut bien qu'ici et là une manifestation ne corresponde pas tout à fait aux dogmes établis et qu'il y ait des divergences entre les opinions de hier et d'aujourd'hui. On ne saurait oublier que nous nous trouvons en révolution et que la chaudière est encore bouillonnante.

Quel est en effet le caractère de la religion du troisième Reich, que Votre Eminence dépeint à ses auditeurs avec des couleurs si sombres ? On pourrait aussi l'interpréter en face des trois exemples, que je prends la liberté de rappeler à Votre Eminence :

1.) Sur une des places les plus connues à l'ouest de Berlin ont a vu pendant des années une librairie à six devantures, portant sur tout le front de la maison un écriteau en lettres énormes où on lisait :»Gottlosenbuchhandlung»:librairie athéiste. Le lendemain de l'avènement au pouvoir du Nationalsocialisme, l'inscription avait disparu et un jour plus tard la librairie était fermée. Voilà notre religion !

2.) Dans la salle du Congrès à Nürnberg se sont réunis tous les chefs du parti nationalsocialiste, les hommes dirigeantes de l'Etat et plus de soixante mille auditeurs. Le Congrès de 1937 s'ouvre. Le grand orchestre exécute le cantique connu sous le nom de »Niederländisches Dankgebet», qui commence par les paroles :» Wir treten zum Beten vor Gott den Gerechten». L'assemblée immense se lève. Et qui a vu

dans

211

-6-

dans ces instants émouvants le Führer , que Votre Eminence vise apparemment en parlant du »César payen», joignant les mains et s'absorbant dans une prière intense pendant les trois versets du cantique, qui a vu cela, ne se doute plus de la profondeur de notre sentiment religieux. Où donc au monde un congrès politique commence-t-il par une prière ?

3.) L'Etat Allemand qui, selon les paroles de Votre Eminence, prétend fonder une nouvelle religion, octroie par an aux églises catholiques et protestantes plus de 100 Millions de Marks, donc un milliard de Escudos. La nouvelle Allemagne, cet Etat qui »s'incline devant un nouveau moloch», a donc jusqu'à présent fourni aux églises chrétiennes 5 Milliards de Escudos. A cet égard je ne crains aucune comparaison avec les autres Etats chrétiens et même très catholiques.

Eminence, je ne veux plus abuser de Votre temps.Je n'avais que l'intention de Vous démontrer, que la question religieuse en Allemagne est une question très complexe, remplie de mystères et de luttes, dont les racines touchent à des régions inconnues; que tout dans ce domaine se trouve en conflit très sérieux, et que nous espérons tous, qu'un jour quand ces épreuves seront terminées,Dieu sera glorifié plus que jamais. Voilà la situation en Allemagne, tiraillée depuis des centaines d'années par des luttes religieuses ,-contrairement à ce qui se passe chez Vous,qui jouissez du bonheur d'une religion unique. Voilà la situation en Allemagne, qui après une guerre qui nous a coûté plus de 2 millions de

morts

-7-

morts parmi nos meilleurs; après une paix perdue grâce
à la haine de tout un monde soi-disant chrétien; et après
une révolution qui a rendu possible un gouvernement in-
férieur; s'est ressaisie enfin elle-même et subit maintenant
une régénération intérieure et extérieure. Par conséquence
rien d'étonnant, qu'elle ne veuille plus céder le pouvoir
temporel à des institutions humaines qui l'ont assez déçue
dans le passé. Telle est la situation en Allemagne pour
celui qui la connaît et qui la comprend. Les problèmes
qui s'y débattent, outrepassent le cadre d'une conférence.
Hélas !

Je prie Votre Eminence de bien vouloir agréer l'expression de mes hommages les plus dévoués et sincères.

Baron Huene.

Lisbonne, le 18 Novembre 1938

Excellence,

Je prie Votre Excellence de m'excuser de ne pas avoir encore répondu, par des motifs que je n'expose pas pour ne pas fatiguer Votre Excellence, à Sa Lettre du 30 Janvier.

Je regrette votre douloureuse surprise en me faisant l'honneur de lire mon petit discours, et surtout en y voulant voir de l'hostilité vis-à-vis de l'Allemagne.

En tout ce que j'ai dit, j'ai beaucoup moins dit que les Evêques allemands dont l'amour à l'Allemagne n'est pas douteux. Je l'ai fait dans mon devoir d'Evêque en prévenant les esprits contre des idées que je crois condamnables à la lumière de la Foi catholique, qu'il me ragarde d'éclairer. Et dans ce domaine je ne saurais même pas vous promettre de ne plus le faire.

Me permettez-vous, Excellence, de vous dire que vous avez vu dans mon discours des allusions indirectes qui n'étaient pas dans mes intentions?

Je tiens à vous dire, en toute sincérité, que je n'y ai pas du tout voulu manquer de considération et d'admiration pour la grande Nation allemande, et beaucoup moins pour Votre Excellence, qui a été toujours pour moi de la plus distinguée déférence.

Je vous prie, Excellence, de bien vouloir agréer l'expression de mes hommages les plus dévoués et sincères.

(a) ✠ M. Card. Patriarca

ANEXO 4

Telegrama secreto de von Hoyningen-Huene para Berlim, datado de março de 1943, sobre as opiniões prevalecentes em Portugal quanto à evolução da guerra.

ANEXOS

Geheime Reichssache.

Lissabon, den 23. März 1943.

1.) Auswärtig   T e l e g r a m m i.Z.
   B e r l i n ,
                                          Geh.Ch.Verf.
      Nr....

Geheime Reichssache.

    Die Prognosen, die in portugiesischen politischen und hiesigen diplomatischen Kreisen für die Entwicklung der politischen und militärischen Ereignisse gestellt werden, gehen zwar in Einzelheiten auseinander, lassen sich jedoch auf etwa folgenden gemeinsamen Nenner bringen:
    Die zeitlich und strategisch aufeinander abgestimmten militärischen Aktionen der Alliierten und ihrer russischen Bundesgenossen im Spätherbst des vergangenen Jahres sind nicht programmgemäss verlaufen. Sie sind, darüber besteht selbst in hiesigen anglophilen Kreisen kein Zweifel, in Afrika und in Russland trotz grosser Erfolge in ihrer Entwicklung steckengeblieben. Das hier für wahrscheinlich gehaltene Ziel dieser Operationen, nämlich die Vertreibung der Achsenmächte aus Afrika, die Errichtung der Herrschaft über das Mittelmeer sowie das Aufrollen der Front der Achsenmächte von Osten her durch eine gross angelegte Operation vom östlichen Mittelmeer aus bei gleichzeitiger Zertrümmerung der deutschen Front in Russland ist zunächst nicht erreicht worden.

                                                          ./.

- 2 -

Es besteht hier kein Zweifel darüber, dass die so geschaffene Lage für die Alliierten sowohl politisch wie militärisch grosse Schwierigkeiten bereitet. Insbesondere sind es zwei Faktoren, die für die Absichten der Alliierten als entscheidend angesehen werden: Einmal die offenbar vorhandenen Gegensätze zwischen England und Amerika selbst sowie die stark auseinander klaffenden Auffassungen der beiden Staaten über die zweckmässige Behandlung ihres russischen Alliierten; sodann aber die Forderungen Stalins, die er nach dem Festfahren seiner Winteroffensive von den Alliierten auf militärischem Gebiet und hinsichtlich der zukünftigen Stellung Russlands auf politischem Gebiet entweder bereits gestellt hat oder aber stellen wird.

Die überwiegende Auffassung der hiesigen massgeblichen Kreise geht dahin, dass die Reise Edens nach Washington dem Zweck dient, ausser der Bereinigung der eigenen Gegensätze zwischen England und Amerika die englische und amerikanische Politik gegenüber Russland einander anzugleichen und mit der amerikanischen Regierung in Erwägungen darüber einzutreten, was man Stalin politisch und militärisch bieten muss, um ihn zur Fortsetzung des Kampfes gegen Deutschland zu veranlassen. Denn die Befürchtungen auf englischer Seite, dass Russland einlenken könnte, sind seit dem Erlahmen der russischen Winteroffensive und dem erneuten deutschen Vorgehen in Russland immer stärker geworden.

Die vorstehenden Überlegungen bestärken die hiesigen politischen Kreise in der Überzeugung, dass die Engländer und Amerikaner in naher Zukunft zu Aktionen schreiten müssen. Ob

- 3 -

diese Aktionen zunächst politischer oder ob sie militärischer Art sein werden oder ob vielleicht sowohl auf militärischem als auch auf politischem Gebiet gleichzeitig vorgegangen werden wird, darüber gehen die Ansichten allerdings weit auseinander. Nach wie vor neigen ernsthafte Beobachter zu der Überzeugung, dass den Engländern und Amerikanern gross angelegte militärische Operationen nicht möglich sind, solange das englisch-amerikanische Unternehmen in Nordafrika nicht zu einem vollen Erfolg für die Alliierten geführt hat. Diese Kreise neigen daher der Ansicht zu, dass die Besprechungen Edens in Washington darauf hinauslaufen, die amerikanische Regierung zu veranlassen, auch ihrerseits den Russen einen dem britisch-russischen Vertrag analogen Vertrag anzubieten, um auf diese Weise zunächst die politischen Aspirationen des Kremls zu befriedigen und dadurch Russland kampffreudig zu halten. Es wird allerdings von anderer ernst zu nehmender Seite die Auffassung vertreten, dass man zur Entlastung der Russen mit gross angelegten militärischen Operationen zur Schaffung einer zweiten Front rechnen müsse. Die Meinungen, wo diese zweite Front in Europa errichtet werden könnte, gehen allerdings auseinander. Nach wie vor scheinen indes direkte Angriffsabsichten der Alliierten gegen die Iberische Halbinsel in diesem Zusammenhang zunächst nicht als wahrscheinlich angenommen zu werden. Derartige Absichten finden auch bisher in den sorgfältigen Beobachtungen aller hiesigen deutschen Stellen keine Bestätigung. Dagegen verdichtet sich immer mehr die Auffassung,

./.

- 4 -

dass, wenn überhaupt von alliierter Seite eine militärische Aktion zur Errichtung einer zweiten Front in Europa durchgeführt wird, der Angriff in Südfrankreich, und zwar sowohl vom Atlantik als auch vom Mittelmeer aus zur Durchführung kommen wird. Ein solches Unternehmen wird hier mit um so grösserer Sorge betrachtet, als dadurch die Pyrenäenhalbinsel von Rest Europas abgeschnitten würde. Die vorgenannte Auffassung portugiesischer Kreise findet eine gewisse Bestätigung in den von unserer hiesigen Abwehr bereits gemeldeten Erkundungen der Engländer und Amerikaner über Rückzugsmöglichkeiten aus Südfrankreich über die Pyrenäen nach Spanien und in einer der Gesandtschaft in diesen Tagen bekannt gewordenen Anweisung an den hiesigen Gehilfen des amerikanischen Marineattachés, sich für den ~~Frankreich~~ Einsatz in Frankreich bereit zu halten. Selbstverständlich ist angesichts der Erfahrungen des Vorjahres die Möglichkeit durchaus nicht von der Hand zu weisen, dass seitens der Engländer und Amerikaner Pläne über eine beabsichtigte Invasion in Südfrankreich verbreitet und darüber hinaus gegebenenfalls Commando Raids kleineren oder grösseren Stils in Frankreich vorgenommen werden, um durch Bindung deutscher Kräfte in Frankreich den russischen Bundesgenossen zu entlasten, während in Wirklichkeit entweder überhaupt keine ernsthafte Absicht zur Schaffung einer zweiten Front in Frankreich vorliegt oder aber diese an anderer Stelle durch eine Angriffsoperation im Mittelmeer, auf Italien oder im Balkan errichtet werden soll.

./.

ANEXOS

- 5 -

Meines Erachtens zeichnet sich ein unmittelbar bevorstehender Angriff auf das portugiesische Festland und Spanien als nächste Absicht der Feindseite jedenfalls nicht ab. Selbstverständlich werden hier trotz dieser Auffassung täglich alle Momente auf das eingehenste und sorgsamste geprüft, die für das Gegenteil sprechen.

          Huene.

TRADUÇÃO

Secreto — Assunto de Estado (Geheime Reichssache)

Lisboa, 23 de março de 1943
Estrangeiros, Berlim,   Telegrama cifrado (i.Z.)
Nr...

Secreto — Assunto de Estado (Geheime Reichssache)

As prognoses que prevalecem nos círculos políticos e diplomáticos daqui divergem quanto aos pormenores, mas coincidem num denominador comum:

As ações estratégicas e militares dos aliados russos no final do outono último não evoluíram como programado. Não existe qualquer dúvida, mesmo nos círculos anglófilos, de que em África e na Rússia, apesar de grandes êxitos, ficaram bloqueadas na sua evolução. Os objetivos destas operações, tidos aqui como prováveis, designadamente a expulsão das potências do Eixo de África, conseguir o domínio sobre o Mediterrâneo, o afastamento da frente do Eixo de Leste, através de uma grande operação a partir do Mediterrâneo Oriental, com a destruição da frente alemã na Rússia, não foram alcançadas.

Não restam aqui dúvidas de que a situação assim criada para os aliados faz prever grandes dificuldades políticas e militares para eles. Dois fatores são considerados particularmente determinantes para os aliados: por um lado, as contradições patentes entre a Inglaterra e a América, assim como as duas opções possíveis do modo como lidar com o aliado russo; por outro, as exigências de Estaline, não só as que derivam da sua ofensiva do inverno, como as de carácter político, que ou já apresentou ou irá apresentar.

A opinião geral tida aqui é que a ida de Eden a Washington teve por objetivo, para além de desanuviar as diferenças entre a Inglaterra e os Estados Unidos, procurar aproximar as políticas de ambos relativamente à Rússia e assim obrigar o governo americano a ponderar o que se poderá dar a Estaline no âmbito político e militar, a fim de o manter como aliado na luta contra a Alemanha. Na realidade, o receio do lado britânico de um desvio da Rússia desde a sua ofensiva do inverno passado e face às recentes atitudes da Alemanha é cada vez maior.

O que acabei de referir aumenta aqui a convicção de que os Estados Unidos e os britânicos irão ter problemas quanto a ações futuras comuns, tanto no âmbito político como militar. Sobre se estas ações ocorrerão apenas no âmbito político ou no militar, ou em ambos os campos simultaneamente, as opiniões dividem-se.

Antes e agora, os observadores mais atentos inclinam-se a pensar que tanto os americanos como os ingleses não estarão em condições de iniciar operações de maior envergadura antes de conseguirem êxitos assinaláveis em África. Estes mesmos círculos inclinam-se a pensar que as conversações de Eden em Washington conduzirão a que ambos proponham aos russos condições similares que satisfaçam as aspirações do Kremlin e assim mantenham a Rússia ao seu lado.

Outros são da opinião de que a Rússia, com um maior apoio militar, poderá avançar com uma operação que crie uma segunda frente. Porém, estes divergem sobre onde se situaria na Europa esta segunda frente.

Continuam a não acreditar na probabilidade de um ataque direto dos aliados à Península Ibérica. Tais intenções também não encontram qualquer apoio por parte das autoridades alemãs em Portugal.

Por outro lado, é cada vez mais forte a convicção de que, se os aliados entenderem iniciar uma ação militar para criar uma segunda frente na Europa, esta será levada a cabo pelo Sul de França, através do Mediterrâneo e do Atlântico.

Esta ação é aqui tida com grande preocupação, pois separaria, pelos Pirenéus, a península do resto do continente europeu. Estes receios encontram alguma base de apoio. Os nossos serviços de informações militares tiveram conhecimento de que ingleses e americanos têm procurado informação sobre as possibilidades de recuo eventual do Sul de França através dos Pirenéus para Espanha e que uma das legações aqui recebeu instruções para que os adidos navais americanos estivessem preparados para uma intervenção no Sul de França.

Evidentemente que, tendo em atenção o que experimentámos no ano passado, não devemos invalidar esta possibilidade. Da parte dos norte-americanos ou dos ingleses, pode haver a intenção de provocar uma invasão do Sul de França e com ela provocar pequenos ou grandes «Comando Raids» contra os alemães e assim aliviar os aliados russos ou, na realidade, não quererem criar uma segunda frente em França, mas desviar as atenções para criarem essa frente em Itália ou nos Balcãs.

Na minha opinião, não parece provável um ataque futuro ao território continental português e espanhol por parte do inimigo. É evidente que, apesar desta opinião, procuramos diariamente verificar todos os pormenores que contrariam esta opinião.

Huene

[Procurou-se na tradução exprimir em língua portuguesa o pensamento do autor, nem sempre respeitando uma tradução literal.]

ANEXO 5

Carta do presidente Roosevelt a Salazar, de julho de 1941, sobre os Açores.

THE WHITE HOUSE
WASHINGTON

Private

July 8, 1941

My dear Dr. Salazar:

    I am writing this entirely personal and informal letter to you in the belief that it may be easier for me, in this manner, to put an end effectively to certain misunderstandings which have regrettably arisen during recent weeks between our two Governments.

    May I say first of all that, in the opinion of the Government of the United States, the continued exercise of unimpaired and sovereign jurisdiction by the Government of Portugal over the territory of Portugal itself, over the Azores and over all Portuguese colonies offers complete assurance of security to the Western Hemisphere insofar as the regions mentioned are concerned. It is, consequently, the consistent desire of the United States that there be no infringement of Portuguese sovereign control over those territories.

    This policy of the United States I made emphatically clear in the message which I addressed yesterday to the Congress of the United States concerning the steps which had been taken to assist the people of Iceland in the defense of the integrity and independence of their country.

    I feel sure that there has never been any doubt in your own mind with regard to this question and that the questions which have been raised with regard thereto in the press have had their origin in false reports deliberately circulated by propaganda emanating from governments which have desired to impair the traditional relations between our two countries.

    For all of the reasons I have mentioned above, this Government views with the greatest gratification the steps which already have been taken and which are being taken by your Government to strengthen the defense of the Azores and other outlying portions of the colonial possessions of Portugal so as to render any surprise attack upon them by Germany, or by powers cooperating with Germany, less likely of success.

-2-

I need merely add that in view of the vital importance to the United States that Portuguese sovereignty over the Azores and certain other outlying Portuguese possessions remain intact, this Government will stand prepared to assist the authorities of Portugal in the defense of those possessions against any threat of aggression on the part of Germany, or of the powers responsive to Germany, should your Government express to me its belief that such aggression is imminent or its desire that such steps be taken. Any such measures would, of course, be taken in full recognition of the sovereign rights of Portugal and with categorical assurances that any American forces sent to Portuguese possessions would be withdrawn immediately upon the termination of the present war.

In the event that this contingency were to arise and the Government of Portugal considered it desirable, because of the close relations which happily exist between Portugal and Brazil, to ask that the Brazilian Government participate in these measures of defense, such a step would be most satisfactory to the Government of the United States. I feel certain that Brazil and the United States would cooperate effectively and whole-heartedly in assisting the Portuguese Government and people in the defense of the Azores.

I have felt it desirable to clarify the situation completely in order to have the assurance that there may not be the slightest misunderstanding of these facts between you and myself.

Frankly, I have felt particularly chagrined that any question should have arisen concerning my own attitude with regard to complete respect for the sovereignty of Portugal. I say that because, as you will remember, during the World War of 1914-1918, the Government of Portugal made available to its allies and subsequently to the United States the port of Horta as a fueling base and the port of Punta Delgada as a naval base. At that time, as Assistant Secretary of the Navy, I had the privilege of visiting those ports in the interest of the United States Navy and I was thus afforded the opportunity of seeing for myself how particularly close and friendly the relations between the Portuguese people and the members of the naval forces of the United States had become. There existed a complete spirit of cooperation between them and of course as soon as the

-3-

international emergency had passed, all of the forces of the allied and associated powers were immediately withdrawn without the slightest detriment to the sovereign jurisdiction of the Portuguese Government. Because of this experience which I had, I should have a personal interest in seeing to it that the relations between our two Governments and between the peoples of our two countries were always conducted with a full reciprocal respect for the sovereign rights of each and that in any form of cooperation which might be undertaken between Portugal and the United States the best interests of the Portuguese people were completely safeguarded.

With the assurances of my highest consideration and of my personal regard, believe me

    Yours very sincerely,

    Franklin D. Roosevelt

His Excellency
 Dr. Antonio de Oliveira Salazar,
  Prime Minister,
   Lisbon.

ANEXO 6

**Declaração sob juramento de Botho von Wussov,
datada de 11 de outubro de 1946, em defesa
de Ernst Ostermann von Roth, diplomata na legação
da Alemanha em Lisboa.**

ANEXOS

Eidesstattliche Erklärung.

Ich, Johann, Georg Ulrich, Botho von Bussow erkläre hiermit an Eides statt:

Ich lernte Ernst Ostermann von Roth durch den damaligen Legationsrat von Rantzau im Juni 1942 kennen. Rantzau der ein actives Mitglied der Widerstandsgruppe gegen den Nationalsozialismus im Auswärtigen Amt war sagte mir, dass Ostermann ganz zu unserer Gruppe gehöre und mit wichtigen Aufträgen von ihm, Adam von Trott zu Solz und Hans von Haeften an die Ostfront fahre. Ich hörte später, und zwar von v. Trott zu Solz und v. Rantzau, dass Ostermann seine Aufträge gut erledigt habe, da er die wichtige Verbindung zwischen Oberst von Treskow, der Ia bei der Heeresgruppe Mitte war, und unserer Gruppe in Auswärtigen Amt hergestellt habe. Ich weiss durch Herrn v. Trott zu Solz, dass die Verbindung mit Treskow als ein wertvoller Fortschritt zur Erreichung unserer Pläne angesehn wurde. - Kurz vor dem 20. Juli 1944 kam Ostermann nach Lissabon, wo er mich gleich aufsuchte und mir, nach Nennung eines zwischen Trott und mir verabredeten Stichwortes, weitere Einzelheiten über die Entwicklung und Pläne der Widerstandsbewegung mitteilte.

Ohne Frage gehörte Ostermann als ein Vertreter Trotts, Haeftens, und Rantzau's als tätiger Mitarbeiter der Widerstandsgruppe des Auswärtigen Amtes an.

Ich selbst habe von 1935 bis 1944 in der Widerstandsbewegung gearbeitet.

Lüneburg, den 11. Oktober 1946.

Botho von Bussow

Urk.Rolle Nr. 561/1946.

Die vorstehende vor mir gefertigte Unterschrift des mir persönlich bekannten Herrn **Johann Georg Ulrich Botho von Bussow** in Lüneburg, Reichenbachstrasse Nr. 11 beglaubige ich hiermit.

Lüneburg, den 11. Oktober 1946.

Notar

Cedido gentilmente por Constantine Ostermann von Roth, filho do diplomata

TRADUÇÃO

Declaração sob Juramento

Eu, Johann, Georg Ulrich, Botho von Wussow, declaro sob juramento:

Conheci Ernst Ostermann von Roth através do então conselheiro de Legação von Rantzau em junho de 1942. Rantzau, que era um membro ativo do grupo de resistência contra o nacional-socialismo no Ministério dos Negócios Estrangeiros, disse-me que Ostermann pertencia totalmente ao nosso grupo e que se deslocou à frente leste com missões importantes dadas por ele, por von Trott zu Solz e por von Haeften. Ouvi mais tarde, tanto de v. Trott zu Solz como de v. Rantzau, que sempre cumpriu bem essas missões porque soube criar uma ligação importante entre o Comandante von Treskow do Grupo Central do exército e o nosso grupo no Ministério dos Estrangeiros. Sei pelo Sr. von Trott zu Solz que a ligação com Treskow foi altamente considerada para alcançar os nossos objetivos. Pouco antes do 20 de julho de 1944, foi Ostermann colocado em Lisboa, onde me procurou imediatamente, através de uma palavra-passe combinada entre mim e Trott, para me pôr ao corrente dos últimos desenvolvimentos do nosso grupo de resistência.

Sem dúvida, pertencia Ostermann ao grupo que representava Trott, Haeften e Rantzau como membro ativo do grupo de resistência do Ministério dos Estrangeiros.

Eu próprio fui um ativo colaborador deste movimento desde 1935 a 1944.

Luneburg, 11 de outubro de 1946

Ass. Botho von Wussow

Doc. n.º 561/1946. Assinado na minha presença pelo Senhor Johann Georg Ulrich Botho von Wussow, que conheço pessoalmente. Luneburg, Reichenbachstrasse n.º 11, que reconheço legalmente.

Luneburg, 11 de outubro de 1946. Ass. ilegível – Notário e carimbo.

ANEXO 7

Lista dos elementos da colónia alemã em Portugal instalados nos Hotéis Netto e Costa, em Sintra, e que deverão embarcar no *Highland Monarch*, assim como um grupo já a bordo e vindo da Argentina, em março de 1946.

ANEXOS

DEUTSCHE KOLONIE IN LISSABON

Am 2.März befanden sich im Hotel Netto in Sintra folgende Personen zur Abfahrt mit Dampfer " Highland Monarch "

1. von Wussow
2. Edith von Angern
3. Rudolf Heyer
4. Wilhelm Wirges
5. Walter Schneider
6. Fritz Dauner
7. Fuchs
8. Fritz Cramer
9. Robert Lerche
10. Carla Liedke
11. Gertrud Schulz-Prietsch
12. Egon Pöhner
13. Ilse Linkmeyer
14. Helmut Hoppe
15. Christian _____
16. Hauolshagen
17. Irmgard Scholl-Poensgen
18. Franz Krochnick
19. Paul Ruh
20. Karl Odió
21. Rudolf Lorenz
22. Peter Wiesel
23. Anneliese Janke
24. Eberhard Graf Dohna
25. Heinrich Baron
26. Alois Jone
27. Wolffgang Honss
28. Richard Brass
29. Hans von Schoven
30. Kurt Porst
31. Jutta Hartmeyer
32. Ademar Minnemann
33. Ludwig Minnemann
34. Otto Hanelt
35. Paul Pohl
36. Anneliese Krebs
37. Otto Schmuck
38. Hans Steinmetz
39. Fritz Issel jr.
40. S.Philipp
41. Sumbeck
42. Marianne Bessel
43. Ritter v.Thiele-Winkler
44. Carl Zwick
45. H.Fincke
46. Ernst Ostermann v.Roth
47. SSusanne Heering
48. Fritz Beagen
49. Dr.R.Baumann
50. Carl v.Osten
51. Alfred Brogard
52. Nicolaus Roubaud
53. Otto Merckel
54. Albert Lang

DEUTSCHE KOLONIE IN LISSABON

mit Dampfer "Highland Monarch" am 5.3. von der Argentiniengruppe abgereist

1.) H.Meiss
2.) H. Boin & Sohn
3. H.Dauener
4. Kleinefeld & Frau
5. Lorche
6. Krebs & Frau
7. Hassinger & Frau
8. Schmölz jr.
9. Renner & Frau
10. Frau Winkelmann & 3 Kindern
11. Frau Schultheiss & 2 Kindern
12. Erika Neumann u.1 Kind
13. Frau Vollberg mit 4 Kindern
14. Frau Maul mit 1 Kind
15. Frau Beckert mit 3 Kindern
16. Schwester Hanna Reiche
17. Frau Weltin mit einem Kind   (Zusammen 40)

Im Hotel Costa in Sintra waren :

1.) Fraulein Hilde Wachtel
2. Helmut Rubarth
3.) Paul Klein (mit Frau abgereist)
4. Herr Hager (mit Frau und 2 Kindern abgereist)
5. Dr.Josef Munck
6. Gottlob

In Alcántara am 5.3. eingeschifft

1.) Hennig
2.) Hashagen
3. Ruperti
4. Wolff v.Amerongen
5. Korff-Schmiesing
6. Frau Korff mit 3 Kindern
7. Frau Dr. Mariaux
8. Frl. v.Wilberg